JN195878

# 広報の心

―広報の達人たちは苦難をどう乗り越えたのか―

吉川公二

理工図書

# はじめに

父から「かたよらない心　こだわらない心　とらわれない心」の話を聞いたことがあります。薬師寺管長だった高田好胤《こういん》さんが説いた般若心経の「空《くう》」という言葉の解釈です。「ひろく　ひろく　もっとひろく　これが般若心経　空の心なり」と続きます。

「こだわりの味」など、それが良しとされる場合もありますが、本来的には「こだわる」ことは拘泥することで、狭い所から出ずに居ることです。

「広報の心」を考えるとき、子供時分に聞いたこの「空」の心を思います。常に広く学び直し、会社や業界に縛られず、将来世代に誇りを持って残すことのできるプライドを示す必要を教えていただきました。

本書では、私の出会った「カリスマ広報師（広報の達人）」に（企業）広報の実際をお聴きしています。

広報業務には「正解と終わりはない」と考えています。「空」の心で捉えると、正解はないのではなく、「ひとつではない」ということなのかもしれません。

広報の達人たちは、どのような思いと志とパッションで広報を続けてこられたのでしょうか。忌憚なく、意義深く興味深いことをたくさんお話していただきました。長年のお付き合いがあればこそだと感謝しています。

広報が扱うのは「情報」と「ブランド」です。広報が担うのは「経営機能」で「危機管理」です。インターネットが発達し、社会に於ける情報伝達速度が高速化した今、改めて広報職は組織に於ける最重要職のひとつだということができます。

組織は不祥事そのものだけではなく、不祥事の後の対応で危機に陥ることは昨今のニュースを知るだけでも理解できます。企業では、ヒューマンエラーは必ず起こり、その他多くのリスクが潜在しています。往々にして会社の常識は社会の非常識であったということも起こります。

そして多くの企業が事後の会見や発表の作法で誤り、顧客や株主の期待を裏切り、経営に損失を齎し、従業員の生活に影響する事態も出来《しゅつらい》しています。

広報がコミュニケーションすべき対象は、最早マスコミだけではありません。サイバースペースに於けるニュースと情報は、個人からも多数発信され、企業や組織に大きなインパクトを生じさせるケースも頻出しています。

事程左様に、今や私たちは情報の統制・制御をすることが難しい時代でのコミュニケーションを余儀なくされています。

それでも社会との応答をし続けなければならないのが、広報に託された使命です。広報は会社の「窓」です。開放されて、社会の風を入れ、自社のことを社会に伝達し、コミュニケーションします。窓を閉めた状態では広報はできず、「空」は臨めないのです。

広報の達人たちに広報の本質と精神、「広報の心」をお聴きしました。

吉川公二

※本書は、二〇二〇年に自費出版した『施（おますれ）ば報（たもる）』を一部更新し、新たに天野勝さん（ロック・フィィールド）、播真純さん（東京大学）の「聞き書き」記事を追加した書籍です。そのほかの「聞き書き」「寄稿」文は『施ば報』発行当時の内容となっています。

広報の心　目次

〈はじめに〉

## 第1章

〈聞き書き〉逃げない、隠さない、嘘をつかない広報
三隅 説夫（広報駆け込み寺）……2

〈寄稿〉新聞記者から見た広報マン
加藤 裕則（朝日新聞社）……16

ice break ①「リーク」はなぜいけないか……23

## 第2章

〈聞き書き〉広く好奇心を持って聞くことが大切
天野 勝（株式会社ロック・フィールド）……26

〈寄稿〉 企業広報と行政広報を経験して
松下 麻理（神戸フィルムオフィス）……45
ice break ② 「オフレコ」について……52

## 第3章

〈聞き書き〉 誠実に社会と向き合う広報
野村 秀樹（森ビル株式会社）……56
〈寄稿〉 取材する側・してもらう側から感じたこと
伊藤 亜紀子（光文社）……68
ice break ③ 「すぐ」はいつか……73

## 第4章

〈聞き書き〉 成長する女性広報の花
山岡 礼（株式会社丹青社）……76

〈寄稿〉　アフター／ウィズコロナ時代の企業経営と広報
福井 誠（武庫川女子大学）…… 90
ice break ④「広報マン」の資質とは …… 96

## 第5章

〈聞き書き〉広報の道は「人の道」
奥村 森（フォトジャーナリスト）…… 100
ice break ⑤「人脈」の広げ方 …… 117

## 第6章

〈聞き書き〉共感を呼び、感情を揺さぶるため常にプレイヤーでいたい
播 真純（東京大学ディベロップメントオフィス）…… 122
〈対談〉広報ほど素敵な商売はない!?
三上紅美子 × 吉川公二 …… 141
〈あとがき〉

# 第1章

聞き書き

# 逃げない、隠さない、嘘をつかない広報

三隅説夫（広報駆け込み寺）

取材：2020年7月

二〇〇五年に「広報駆け込み寺」にお電話したことが、私（吉川）が三隅さんとの知己を得たきっかけになりました。そのときは既に三隅さんは広報の大先輩でしたが、そもそも「広報」とはどのようなきっかけで出会われたのでしょうか。

私は昭和三八（一九六三）年に安田生命（現明治安田生命）に入社しました。そして昭和五九（一九八四）年に広報室長に就いてから現在まで、「広報」に通算三十六年間携わっています。広報室に着任直後、部下のN君から「広報室長として本当にやる気がありますか」と聞かれたとき、「君は広報についてどう思っているのか」と訊ねました。するとN君は、「私はこれから絶対に広報の時代がくると思う」と断言したのです。私はその言葉を受けて「では、一緒にやろう」と答えました。そして、二つの目標を立てました。広報を企画部広報室から広報部に

昇格させることと、ＣＩ（コーポレート・アイデンティティ）活動を企画・実行することです。社会的にもまだ「広報」があまり認知されていない時代だったと思いますが、どのように周囲の理解を得ていかれたのですか。

部下のＮ君とともに安田生命社内の論文集『安田論叢《ろんそう》　第一〇八号』（昭和六一年九月刊）に「今、なぜ企業イメージか」という論文を書いて発表しました。

その中では、
「企業パワーを支える三つの要素」
【１】　商品パワー（商品競争力）
【２】　セールスパワー（販売力）
【３】　イメージパワー（好ましい企業イメージ）
と、
「企業イメージをつくる六つの要因」

【1】社名・マークなど
【2】商品の要因（商品そのもの、サービスの内容や質）
【3】建物と環境要因（顧客と直接接する要因）
【4】印刷物・表示などの要因
【5】広報・広告に関わる要因
【6】人の要因（トップ、社員、組織のあり方など）

をコントロールすることが重要だとした上で、「企業イメージ」を明確にする必要性があることを提唱しました。

当時の生保業界では、競争の激化や異業種間での提携などが活発化していました。そのような時代には、「企業イメージ」がより大切となります。そして安田生命は「新起業時代の総合金融サービス企業」として、企業イメージを再構築する必要があることを提案したのです。また当時の安田生命は「将来性イメージ」という点で、同業他社に比べやや見劣りがしていました。その中でテレビCMの量の拡大とともにイメージアップを図るパブリシティー活動の必要性を説きました。

そして「暮らしの設計の良きパートナー」という企業像と、「生活者と密着した企業」「躍動感あふれる企業」という企業イメージを設定しました。そしてそこから五ヵ年の計画とＣＩ活動の必要性を訴求しました。

三十年以上前のお話ですが、今も色あせていませんね。

広報に対する考え方の基本は今も変わっていないと思います。その論文が「教育部奨励賞」を受賞し、新年交賀式で表彰を受けたのです。それがきっかけで、社内的に広報が少しは注目されるようになりました。私は社内に広報という考え方を広め、広報のステータスをもっと上げていきたいと考えました。そこで各部の「部会」に広報室からも参加させてもらいたいと申し出ました。「部会」には各部の部長・課長以下、部内の主要な人が出席しています。そこで「三十分時間をください」と依頼して、Ｎ君とともに各部署へ行脚して広報とは何かを説明して回りました。

社内での理解は重要な部分ですね。広報室は広報部になったのでしょうか。

そのようなことを続けている中で、社内の広報に対する理解が少しずつ増していきました。そして、論文の中でも意見を出した、平成二年に迎える創業一一〇周年にむけてCIを提案しました。CIはロゴマークを変えるだけのものではありません。経営理念や会社組織のあり方なども併せて変えていく必要があります。ロゴマークについてはJRやアサヒビールなどのロゴマークを手がけられた、グラフィックデザイナーの永井一正氏にお願いすることにしました。アサヒビールの広報部長を招聘して社内勉強会なども開催しました。全体的には、一一〇周年記念のCIプロジェクトには総額数十億円をかけ、さまざまなコトやモノを形にしていきました。

そして私が広報室長になってから六年後に広報室が広報部になりました。そのときは広報関連の仕事を十七年もやるとは思ってもいませんでした。

**企業内での広報活動を具体的にどのように活性化されましたか。**

広報（活動）が大切であるということは徐々に理解されていきましたが、まだ人員としては五名程度の体制でした。会社ですから、やはり「仕事」が増えないと、簡単には人は増やしてもらえません。そこで人事部で管轄していた「社内報」の仕事や、社内ビデオ（撮影）部隊の仕事を広報部で行うようにしました。また、企画部で担当していた「アニュアルレポート」などのディスクロージャー資料も広報部で担当するようにしました。そして最終的には二十名程度の部署にすることができました。

また、各部署内に「広報連絡員」という役割の人を置いてもらいました。これは辞令とは関係のない役割で、部署内のさまざまな情報を広報部に知らせてもらいます。このような人たちとも度々「飲みニケーション」をしました。「情報」は、「情けに報いる」です。コミュニケーションがよくないと情報は入ってきません。社内の理解を得ることができるようなしっかりとした情報が集まらないと、発信につながらなかったり、いざと言うときに役に立たなかったりします。

併せて、日銀金融記者クラブの記者の有志の方たちに「安田生命を支援する会」を作ってほしい、と依頼しました。当時そんな突拍子もないことを言ってくる会社はなく、マスコミ各社が面白がって参加してくれました。

とにかく記者クラブ（日銀金融記者クラブ）にはよく行きました。私も行きましたし、他の広報スタッフも日参していました。たまに安田生命が来ない日があると記者クラブ内で「安田はどうしたのか」と言われたほどです。

私の広報部長時代に社長交代が三度あり、そのうち一度はある新聞社がスクープしました。二勝一敗です。当時の広報は、発表の前にどこか一社にスクープされたら「負け」だったのです。

## 「広報」という仕事で工夫した点はどのようなところでしょうか。

仮に不祥事が起きてもすぐにすべて公表するという風土と体制を作っていきました。私が常に言う「逃げない、隠さない、嘘をつかない」ということを社内に徹底していきました。そのうちに各部署も広報部が依頼したことや提案したことをよく聞いてくれるようになっていきました。

生命保険会社のリスクや不祥事にもいろいろありますが、主なものは営業職員の保険料使い込みや、保険金詐欺に類することなどです。そのような際にも会社全体で対応し、特に経営陣と広報部がともに社会やマスコミへの対応をし続けたのです。そのような（広報）マインドを持ち、「逃げない、隠さない、嘘をつかない」ということを徹底して、企業風土にまで昇華できたところが広報担当者としての一番の功績なのかもしれません。

私が安田生命の広報に関わった十七年間は、思えば長い年月でした。広告宣伝の部隊も広報部の中にありました。広告やCMで起用させていただいたゴルフの中島常幸さん、女優の市毛良枝さんや瀬戸朝香さんなどとの仕事も良い思い出です。広告宣伝費用は、通常広報部で負担するのですが、私は営業関連の部門でも負担するように依頼しました。生命保険の広告やCMは営業職員が商品を売りやすくするためのものだから、営業部門でも負担してほしい、という調整の仕方をしました。そのような側面でも広報部の主張が通るようになっていました。

社長交代の際に、新任社長への取材が連日続きました。都合五十回以上取材がありました。一日に取材が三～四回という日もあります。社長が取材を嫌がる場合も出てきますが、私は「あなたにはこの取材を受ける責任がある」と伝えます。それが社長の仕事であり、役割です。広報部長にはトップへの直言力が必要だと思います。

そのような直言のできる関係性を構築したからこそ、さまざまな情報の交通整理もできましたし、未然にリスクを防ぐこともできました。

**永年広報に携われてきた三隅さんが考える、広報職に必要なものとはどんなことでしょうか。**

広報職に必要なものは、誠実な人間性とスピード、そして上司への直言力です。そして何よりも人間として明るい、ポジティブな思考力とスピードある行動力が求められます。ときには先手を打つ想像力も必要です。先手を打つことが、結果的に危機管理にもつながるのではないでしょうか。

私が広報部の部下に話していたのは、いろんな人に会いなさいということです。そして嫌いな人ほど会いに行け、と言いました。会う、会わないで伝わる内容の質と量とが変わります。

三隅さんがモットーにされておられることなどはありますか。

「さわやかに、そしてしなやかに」と、「動けばかなう」という言葉をよく使います。さわやかな人は明るいですし、しなやかな人は柔軟です。また机にしがみついているだけでは広報は務まりません。広報は素晴らしい仕事で、どんな人にでも会いに行くことができる立場です。社長にも会えますし、記者やメディアの幹部にも会えます。そして人が好きかどうか、ということも広報職には必要な条件です。

「A」か「B」かという選択肢があった場合、考えてばかりでどちらも選択しないのではなく、どちらかを選択してそれに向かうことです。「A」が間違っていれば「B」にやり直せばいいのです。

広報部に配属された人は、極めて良いところに来ることができたと思わなければなりません。私の持論ですが、広報＝経営です。これからの時代は広報部長を経験した人がトップになることが会社の理想だと思います。私は広報職で取締役までいきました。

その後、三隅さんは「広報駆け込み寺」を設立されます。

長く広報畑を歩いてきましたが、広報職には外部の相談先がありませんでした。法務であれば弁護士、税務なら税理士などのプロに相談することができますが、広報業務にはそのような相談先がなかったのです。それで会社を退いたあと、「広報駆け込み寺」を設立（二〇〇五年よりNPO法人）しました。企業広報に携わっている人にノウハウを学んでいただき、危機管理とともにマスメディアの知識や情報の提供など、広報活動への支援を目的としています。

さまざまな組織（企業・自治体・学校など）を対象に危機管理や消費者対応、コンプライアンス（法令遵守）体制の確立や、マスコミとの関係を構築するための相談などにお応えしています。広報計画の策定の仕方もお教えしていますし、各種研修や講師の派遣などもおこないます。企業や組織が、社会やステークホルダーと良好な信頼関係を築くことで、よりよい社会構築につながります。

企業の不祥事や予期せぬ事件・事故が増えています。特に企業は不祥事そのものはもちろんですが、その後の対応によって危機に陥っています。そのような時代だからこそ、より広報のあり方が問われているのです。

企業や組織の広報担当者が抱えている問題や悩みを聞いて、私たちの経験などから導き出せる実践的なアドバイスをおこなっています。

現在では、東京を中心に関西、東北、四国などから大手・中小企業、地方自治体、大学、病院などが会員として参加。その数は二百を越えています。

「広報駆け込み寺」では以下のような活動を行っています。

①研修・交流会の開催

マスコミ人はじめ企業のトップ、コンプライアンスの専門家などを講師に迎え、広報についての研修交流会を開催しています。

②マスコミ懇談会の開催

新聞・テレビ・雑誌などの報道関係者をお招きし、会員と懇談する会を開催しています。

③少人数ゼミの開催

マスコミの担当者を囲んで、会員有志との懇談会を行っています。
④研修会やセミナーへの講師派遣
危機管理、コンプライアンス、マスコミからの取材対応などに関するセミナーや研修会へ、講師を派遣しています。
⑤広報に関わる個別相談
危機管理、マスコミとの懇談会実施などを通じての関係構築、広報計画策定、コンプライアンス体制確立、社内広報、記者会見など、広報全般に関わる相談を受けています。

広報は経営機能であり、危機管理です。これからも「逃げない　隠さない　嘘をつかない」の学びを会員の皆さんとともに実践していきます。

私も三隅さんに多くの広報関連の方々をご紹介いただきましたが、三隅さんには広報というものを通じてどのような「出会い」がありましたか。

私がこれまでに出会った人全員に感謝の気持ちでいっぱいです。素晴らしい人にたくさん出会いました。さまざまな勉強もさせていただきました。そしてその後深くお付き合いするのかどうかということは大体直感でわかります。この人は広報に向いている、この人は記者には向いていないなどということもわかります。かつて新聞記者で横柄な態度の人がいました。そのような記者が来たら取材ではあまり話しません。やはり「聞く」という姿勢が必要ですし、上手に聞かれると話したくもなります。良い情報を集めるためにどのように聞くのか、を考えなければなりません。情報は「情け」に「報いる」です。うまくコミュニケーションをとることによって情報が入ってきて、回りまわってプラスに働きます。

## 広報部に配属された人はどのように考えて仕事をすればよいのでしょうか。

広報部に配属された人は、本当によいところに来たと思ってほしいものです。広報は会社の全体、社会の全体をみることができる仕事です。そしてまず人を好きになることです。また、だめなことはだめ、と言えなければなりません。たとえ相手が上司やトップでも直言できなければいけません。

そして、決断するときに腹が座っているかどうかが問われます。すべては選択と決断です。揺るぎのない選択ができる準備をし、落ち着いて冷静に判断しなければなりません。

広報部に配属された人は、人に会い、話を聞き、本を読み、好奇心を持ってさまざまなことを何でも経験することが大切です。

広報という仕事は、本当に面白い仕事だと思います。私はリーディングカンパニーではない会社で、広報をほぼゼロからスタートさせることができたので、今でも広報に携わることができています。広報という仕事は、これ以上ないほどの本当に面白い重要な仕事です。

**三隅 説夫**

（NPO法人 広報駆け込み寺 代表）

1940年　和歌山県新宮市生まれ
1963年　立教大学経済学部卒、安田生命保険相互会社（現・明治安田生命保険）入社
1979年　高知支社長
1984年　企画部広報室長
1996年　取締役広報部長
2001年　株式会社ジャパン・コンファーム　取締役社長
2003年　退任
2004年　ＮＰＯ広報駆け込み寺代表
2005年　法人格認証（ＮＰＯ法人広報駆け込み寺）

寄稿

# 新聞記者から見た広報マン

加藤 裕則（朝日新聞社）

会見場にいた二十数人の記者はみな一瞬、自分の耳を疑った。

二〇一八年九月三日午後三時過ぎ、東京・大手町の経団連会館。中西宏明・経団連会長（日立製作所会長）が定例会見に応じていた。

記者の一人が就活ルール発表の日程をきいた。すると、中西会長は「経団連がやると批判を浴びる。何月に解禁とはもう言わない」とさらりと言い抜けた。

就活ルールを廃止すると言うことだ。翌日朝刊の一面トップだ。焦っていたら、近くにいた経団連の広報部長が中西会長に近づき、何かを手渡した。

中西会長はそのメモをのぞき込み、「ちょっと今、私のところにメモがきまして……」「あ〜、経団連としてはまだ決めていないとのことで、個人的にそう思っているということです」と笑った。

広報部長の機転だった。機関決定ではなく、あくまで会長の私見との形であることを明確化した。会長の発言は、広報部長ら事務方にとっても寝耳に水の話で、その場にいた事務総長とすぐに相談し、メモを渡すことを決めた。一瞬の判断だった。

その後、私の取材にこの広報部長は「メモをはねのけられ、叱責されることも覚悟した」と振り返りました。職を賭す、というのは少し大げさですが、財界総理と言われる経団連会長の発言を修正させたことに驚きました。

会見やインタビューで企業や経済団体のトップは自由に発言します。広報担当者にとっては胃が痛いことでしょう。

こんなこともありました。以下は私が書いた記事ですが、昨年（二〇一九年）九月、朝日新聞デジタル版で配信され、「とんでもない発言だ」とネットで大きな反響を呼びました。

＊　＊

関電役員の金品授受、経団連会長「友達で悪口言えない」

関西電力の岩根茂樹社長や八木誠会長を含む役員らが、関電高浜原発が立地する福井県高浜町の元助役から計三億二千万円分の金品を受け取っていたことについて、経団連の中西宏明会長は二七日の記者会見で、「八木さんも岩根さんもお友達で、うっかり変な悪口も言えないし、いいことも言えない。コメントは勘弁してください」と語った。

＊　＊

経団連会長の会見は月二回。一回、原則三十分。国際、金融、政局までいつも十項目以上が話題になります。こちらも真剣勝負です。

関電の不祥事に関する発言を報道したのは、テレビ局一社と、朝日新聞（デジタル版）だけでした。私は記事を書きながら、普段付き合いのある経団連と日立製作所の広報担当者の顔が浮かびました。「申し訳ない。でもこれは書かないといけないんだ」と心の中でわびました。中西会長の人間性に疑いようはありません。開けっぴろげで、正直で、議論好きで。半ば冗談で、あんな発言をしたのだと思います。ただ、日立製作所は原発施設の納入メーカーです。同じ電力業界にいるだけに、そこには厳しさが必要だと感じます。

案の定、日立製作所の広報担当者から後日、「あの記事は悪意がありますね」。この担当者は「うちの会長は知り合いのことを『友達』と言いますから、気をつけてくださいね」と他社の記者にまで言って回っていました。広報の仕事も大変です。

これも後日談ですが、ある通信社の記者が私に「あれを記事にした判断は正しかった。ジャーナリズムの精神からすれば、やはりあれを書くべきだった」とこっそり言ってきました。ちょっとうれしく思いました。

トラブルもあります。昨夏、ある大手企業の広報部長から本気でどなられました。記事にクレームの電話があり、説明のため、その企業に出向いた私に対し、広報部長は記事のみだしについて「内容が違う。ま逆だよ」と叱責しました。記事にしたのは、あるシンポジウムでのその企業の会長の発言で、内容はまちがってはいないが、そのとらえ方、意味づけが違うということでした。私が所属する新聞社が五年前に起こした不祥事にも言及し、「あれと同じだ」と鼻で笑いました。私は約三十分間のほとんど黙って広報部長の言うことを聞きました。

私は最後に「趣旨が違うというのであれば、これで終わりたくない」と改めて会長インタビューを申し込みました。記事の内容やみだしについて相談しながら進めることも付け加えました。

数日後、断りの電話が来ましたが、広報課長から「会長もそれなりの発言をしている。誠意は伝わった」と言われました。紳士的な対応に救われた気がしましたが、それでも今も私の中でくすぶっています。こちらも反省点はあります。もう少し、時間をおいて、背景を調べ、この広報部長らに改めてこの会長の真意を確かめて書くという方法もあったと思います。表現の仕方によっては、記事は大きな反響を呼ぶことがある。でも、ニュースは一瞬一瞬を切り取らざるを得ないこともあります。真実は絶えず追求し続けたいと思っています。

新聞記者になって三十年。途中、地方に出たり、内勤だったりしたこともありますが、経済記者を二十年続けてきました。思えば、ずっとこの間、広報担当者と付き合ってきました。本当にお世話になったと思います。みな人間的に信頼できる人でした。

会社とマスコミの間に入った広報マンは本当に大変だと思います。

十年ほど前、銀行の不祥事で、「監査役にこの案件でお話をうかがいたい」と広報部門に電話をしたことがありました。監査役こそが、コーポレート・ガバナンスの要だと思ったからです。この銀行の若い広報マンは数日後、電話をくれました。「取材をお断りしたい」。

私は聞きました。「それは監査役自身の判断ですか。監査役は社長ら執行部を監督する立場です。監査役の判断であれば、尊重しますが、広報や経営陣の判断であれば、法制度をふみにじる行為です」。

沈黙のあと、「監査役には伝えていません。広報のラインで判断しました。申し訳ありません」。結果的に監査役にも断られましたが、実際に監査役に聞いてくれたということで誠実さを感じました。

広報担当者には、いつも二つ、お願い事をしています。

一つは、社長とダイレクトにつながってほしいということ。マスコミがほしい情報は、社長しか判断できないことがあります。中間の役員や管理職がいればいるほど、情報はでないものです。そうなるとこちらはストレスばかりがたまり、互いに損だと思います。

もう一つは、努力する記者には、ぜひ抜かせてやってほしい、特ダネをとらせてやってほしい、ということです。努力する記者は真剣です。ほとんどが自分のためではなく、そこに何らかの社会的意義を見いだし、追いかけているはずです。それにぜひこたえてやってほしいのです。それができるのが、広報担当者です。

広報とは、総合力が必要となる極めて重要な職能で、何より大切なのは正義感で人間性を問われると感じています。記者にとっては、敵でもあり（失礼！）、仲間でもあり、ときには師匠であることもあります。そして何より同志だと思っています。

**加藤 裕則**

1965年　秋田県生まれ

1989年　岩手大人文社会科学部卒業。朝日新聞社入社。初任地は浜松支局（静岡県）

1999年　東京本社経済部その後、名古屋本社、青森総局、大阪本社、石巻支局などに赴任

2022年　東京本社経済部（現職）

著書に『会社は誰のものか　企業事件から考えるコーポレート・ガバナンス』（彩流社）、『監査役の覚悟』（共著、同文舘出版）、『震災復興１０年の総点検』（共著、岩波ブックレット）、『監査役の矜持』（共著、同文舘出版）などがある。

# 「リーク」はなぜいけないか

私の持っている辞書には【リーク】は、「秘密や情報などを意図的に漏らすこと」とある。広報の世界では、特定のマスコミに（事前に、あるいは特別に）情報を漏らしたり、機密情報を特定社に渡すことを指す。

平等性ということを考えるとリークはご法度ということになるが、企業広報の現場では比較的よく破られている掟ではないだろうか。

よく聞く話では、「日経に抜いてもらう」仕掛けをすることだ。まずは日経に載ることによって、そのニュースの価値と信憑性が一定の信用を持つと思われている。「リーク」と呼べるかどうかはわからないが、私も数回日経や地元紙だけの仕掛けをおこなったことがある。

それらの広報的な手法を含め、すべてを「リーク」と呼ぶのかどうか。定まった定義はないように思う。

岩田和子さん（小林製薬）は、これまでリークは一切行わなかったという。

## ice break ①

公式発表前の情報提供は少なからずリスクも伴う。財務や経営情報は、流布するタイミングと内容によってはインサイダー情報とも見做されかねない。上場会社は特に注意しなければいけない事柄であろう。

特定社の記者が単独で聞きに来た場合、それはその記者の嗅覚に対して敬意を払うべきだろう。スクープはされてもリークはしない、ということだ。

三隅説夫さん（広報駆け込み寺）は、安田生命時代に読売新聞のK記者が一番に取材にきたとき、読売に書いてもらおうと思った。しかし会社のトップは「日経に書かせろ」と言ってかなりモメたらしい。大手企業の日経神話は今も残るか。

野村秀樹さん（森ビル）は、小ネタなどを業界誌に話すことはあったという。これもリークとは呼ばないだろうと思う。

奥村森さん（オフィスオクムラ）は、記者クラブ制が堅固だった時代にはリークは御法度だったが、今は社会全体が「リーク社会」になってしまったという。ただし、そのリークによって「同業者」（他のマスコミ）を失望させてはいけないという。現代＝「リーク社会」。言い得て妙である。

# 第2章

聞き書き

# 広く好奇心を持って聞くことが大切

天野 勝（株式会社ロック・フィールド）

取材：2024年6月

理系のご出身なんですね。

一九九八年に入社しました。私は東京農業大学の食品工学研究室に所属していました。就職の際に、研究職での仕事を探していました。そうした活動の時期に「マーケティング」という分野に興味を持ち、「ベンチャー」という言葉も知りました。そして、どこか元気のある会社でマーケティングができれば面白いなと思いました。採用試験を受けた数社の中でロック・フィールドの人事担当者が一番元気があり会社の活気を感じました。その人に「うちの会社に来たら何でも好きなことができるよ」と言われました。

私は元より好奇心旺盛な方でしたが、何かに気付いて学び実際にカタチにしていく、そのようなジャンルに創造性を感じ、輝いて見えました。大学での研究職とは真逆の輝きがありました。

入社の決め手となったのは、デパ地下の食品フロアを実際に見学した際にロック・フィールドの店だけがまぶしく輝いていたからです。お客様の人だかりがその店だけにありました。その「RF1」という店がお洒落で、本当に新しく時代の最先端の場所に見えて感動しました。

入社後は銀座三越店のRF1に配属されましたが、その三カ月後の九月に新規開店するRF1新宿伊勢丹店の店長を打診されました。

私の同期はまだ研修中といった時期で、「本当に何でもやらせてもらえる会社なんだな」と思いました。現在では店長になるまで早くて四～五年はかかるので、その時期での新規旗艦店の店長は、今から考えると抜擢なのかもしれません。入社時より「面白い奴がいる」と思われていたことを後から知りました。ただ新宿伊勢丹店の店長となったものの、まだまだ学生気分が抜けきらないときに、百貨店の食品マネージャーに「君が社会人になるためにはもっと学ばなければならない」と多くのことを教えていただきました。その方と一緒にマーケティングの話などもたくさんしました。

「中食（なかしょく）」業界に将来性を感じましたか。

「中食」という言葉は二〇〇〇年以降に広がってきましたので、私の入社当時は知りませんでした。社内でも二〇〇〇年初頭には聞きなじみのない言葉でした。私は（中食）市場の将来性について当時はそこまで考えていませんでしたが、会社の将来性は感じていました。当時はものすごい速度と量で各地に新店を出していましたので、相当な勢いを感じました。

入社二年後に「融合」という、アジアン惣菜の新規ブランド立ち上げプロジェクトのメンバーとなって、準備に入りました。私は営業担当でしたので、出店に向けた準備全般を担いました。企画者のコンセプトに合わせてハードやオペレーションを整えていきます。そして出店や運営管理という関東圏に出店する融合ブランドの全店のマネジメントを担当しました。出店交渉は当時の岩田社長が全部やっていましたので、決定した百貨店にご挨拶にも回りました。

「融合」は中華料理ではなく、あくまでもアジアンテイストなので、そのブランドを認知していただくまでかなり時間がかかりました。

**その後社長室に異動されます。**

当時の岩田社長は、神戸経済同友会代表幹事や神戸商工会議所副会頭などの社外公務が増えていました。社長のスケジュールは週末も含め十五分刻みで真っ黒に埋まっていました。そのため、業務フォローの専属スタッフを付けようということになり、私に声がかかりました。私自身も新たな学びや体験ができるのではという好奇心で、新しい場所に飛び込んでいくことにしました。

創業経営者である岩田社長に奉公するような形で仕事をしました。社長の意を酌んで先回りで準備や手配をしました。

**岩田社長の近くにおられていかがでしたか。**

当時社長自らも言っていましたが「朝令暮改ならぬ朝令朝改」ということの連続でした。そして何よりも本人の思いが相当に深い。特にインプットの質とスピードを大切にしておられ、経営者やデザイナー、学識者などの多彩なネットワークを駆使して「この件についてはこの人」

「このことについてはこの人」と、常に様々なブレーンに相談をします。そしてそれらが社長の中で咀嚼され、反芻され、深く考察した形でアウトプットされるのです。「本物志向」で「本当かどうか」という点は特に重視して繰り返し考えておられました。

学びと刺激の連続の日々でした。もちろん叱られたことも多々ありましたが、その中で岩田社長の言う「着眼点と編集力」を徹底的に学びました。これは今の広報業務にも活かされていると思います。岩田社長は目的を達成するためには、どこに、何に、焦点を合わせると良いかという、着眼するポイントを見極める感性に富んでいます。先述した「本物志向」もこの感性で築き、磨きあげてきたものだと思います。それを形にするためにデザインを経営に活かす試みにも積極的に取り組みました。店舗や商品のアウトプットのデザインやコピーにも最上級の質を求めていきました。

岩田社長の「感性」は直感（力）ということでしょうか。

直感ということもありますが、何よりも取り入れたものを繰り返し何度も反芻する、ということがあります。本当にこれが正しいのかということを何度も考察、熟考します。そしてまず社内で発表をしますが、賛成意見が多数出たものについては行わないのです。逆に「神戸コロッケ」のときは皆が反対したから実行したと話していました。ここには感性を超えた独自の判断基準が働くのだと思います。

お客様（市場）は、自分が本当に欲しいものには気づいていないので、お客様のニーズを聞いてものづくりはしません。お客様が欲しいと思われるものをこちら側から提案し、それに対してお客様は「そうそう、これが欲しかったんだ！」というものを提供することを大切にしていました。そういう意味ではプロダクトアウト型ですね。

**そうした開発の仕方について天野さんはどう考えておられましたか。**

このやり方は、当社にとって最短距離をいく最高のものだと考えています。当社は生販（生産・販売）一体のビジネスモデルです。鮮度のよい原材料を調達し、こだわりの製法で手間をかけ生産、惣菜化して直営店舗で丁寧なサービスで販売します。商品ラインアップ、価格設定、個々の商品へのこだわりなどについて全て自社で決定することができます。日配品ですので、お客様の反応が毎日分かるのです。売れた＝評価された、売れない＝止める、という判断もすぐに出来ます。そういう意味では間違いなく最短距離だと思っています。マーケットリサーチをして商品導入する必要がなく、当社には一般で考えられるマーケティングに該当する部署はありません。

当時は百貨店の統廃合が一気に加速した時代でもありました。一方で、一九九九年のアトレ新浦安を皮切りとした駅の商業施設（駅ビルやエキナカ施設）が増えてきました。百貨店と同じ質の高い食品フロアにしたいというご要望などもあり、駅の施設への出店を続けました。結果として全体の売り上げを落とすことなく売場を増やすことができました。

百貨店から撤退される他社ブランドの跡地に、百貨店からの要請でＲＦ１とは別のブランド（「神戸コロッケ」や和惣菜の「いとはん」など）を出店させることもできました。

その後、静岡ファクトリーですね。

ファクトリーの前に二年間、企画開発に配属されました。その間に私が企画をした「海老とホタテのハーブグリル」は現在も定番商品として残っています。その後静岡ファクトリーへ異動しました。当社には静岡、神戸、玉川（川崎）の三カ所にファクトリーがあります。静岡はサラダのファクトリー、神戸は料理（加熱）系惣菜のファクトリー、玉川は関東圏のお弁当やパックサラダなどを生産するファクトリーです。

私は静岡ファクトリー生産管理グループを経て生産グループのライン長に就きました。販売部門やスタッフ部門に居た者が生産部門に異動することは稀有な例でした。

当時、生産に造詣の深い古塚社長に相談したところ「まず現場の声を聞け」ということを言われました。

サラダの生産ラインは、下処理・カット・加熱・充填などがそれぞれの作業区に分かれています。その各区の作業を束ねて管理をするのがライン長です。

私は生産については何も知りませんでしたので、現場の従業員の方々に毎日挨拶をし、名前を覚え、困りごとなどをお聞きすることから初めました。併せて生産に関わる書籍を片っ端から読み漁りました。

生野菜のラインは、機械もシステムも当社のオリジナルです。「野菜は生きもの」ですので、これを製造するラインを数値化したり計画化することは大変難しいことです。例えば野菜の検品も人の手と目でしますが、季節などによって同じ種類の野菜でも手間に差があり、検品時間が大きく変化します。現場で働く人には、終わりの見えない形で働いていただいていました。

私は午前九時、正午、午後三時と一日三回、進捗状況を精査できる仕組みをつくりました。午前の段階で時間がかかりそうだということが分かれば、その時点で人を手当てすることもできます。

静岡ファクトリーから全国の店舗に葉野菜、メイン具材、トッピング、ドレッシングなどのパーツに分けて送られます。最終的に店舗で和えますが、和えたその瞬間から状態が変化します。ですから、売れ行きに応じてその都度和えて追加をしていきます。お店で出来立てを提供しているのです。

その後販売本部の販売変革プロジェクトで自動発注や在庫管理、商品追加の支援システムなどをプロジェクトリーダーとして構築し、広報グループに異動となりました。

いよいよ広報ですね。

私自身はそれまで広報職をやりたいとは思ってはいませんでしたが、会社のことをよく知っている者ということで、私の多様な経験を見込んでいただいた結果の異動だったと思います。これまで私は会社の人事を断ったことはありません。着任はコロナ禍真っ最中の二〇二〇年五月でした。前任者との引継ぎもオンラインでおこないました。

これまでの広報活動の履歴などを見ながら、どのような広報活動にしていけばよいのかを考えました。古塚社長の一番大切にしている思いなども聞き、自分なりにやっていくことをチーム内で相談しながら決めていきました。

岩田会長からも言われていたことですが、広報に求められていたことはインターナルコミュニケーション（社内広報）です。経営理念や目指す価値観が社内に浸透することが最も大切だということです。古塚社長からも同じことを言われました。社外ＰＲも結果として社内還流させ、社内への価値共有や共鳴・共感をしっかりやって欲しい、ということです。社外広報の目的も社内のためにやる、というスタンスです。

どのような広報戦略ですか。

会社の思いを社内外に発信して浸透させることが、企業ブランドの向上につながると考え、広報のミッションとして「コーポレートブランディングの推進」を設定しました。

当社の広報の役割を「社内広報（醸成）」「社外広報（攻め）」「危機管理広報（守り）」の三つ

に分けました。人材や企業文化を醸成し、プロモーション的に情報をお伝えし、リスクマネジメントへの予測と準備も怠らない広報です。これらとスポンサードや催事などの渉外的なことを含めて整理をしていきました。

岩田会長は、社長時代からたくさんの夢を語ってこられました。古塚社長もその思いを継ぎつつ、今は古塚社長自身が夢を語っています。ロック・フィールドや惣菜の可能性を深く理解することで、惣菜が大好きで、食が大好きで、ロック・フィールドが大好きな人間になっていきます。しっかりと社内外に伝わるまでその価値を伝えることで共鳴・共感してもらえるような広報の形を作りたいと考えています。仮にマイナス面があったとしてもそれらは「可能性」を意味するものだとも言えます。

パブリシティ体制はどのように進めましたか。

神戸二名、東京二名で広報をおこなっています。それまでは全員で全ての案件に対応していましたが、私は主担当を明確にしました。神戸のひとりが社外広報、東京のひとりが関東圏の社外広報、もう一名が社内広報を担当します。危機管理と渉外的なことは私が担当します。

私は広報業務はプロフェッショナル職能だと考えています。そうした意味では、担当者個人にノウハウや経験が蓄積されることは会社にとっても個人にとってもプラスに働きます。

メディア向けのプレスリリースに関しては、生産や販売の部署から依頼されて出すものは広報の主体性に欠けますし、よいものにはなりません。何よりも相手に伝わりづらいものになってしまいます。そうした意味で、広報のスタッフには、発信するものの「プロセスから参画してほしい」とお願いしています。リリースに思いを込めるために、企画が立ち上がり、提案する商品を決めていく過程に広報のスタッフが首を突っ込んでいくことにしました。

また、年末年始商戦（クリスマス・迎春）向けの商品のよさを正しく伝えるためにメディア向けの「商品発表会」を企画して、その価値を共有させていただく場を設定しました。最初は本社のある神戸だけで開催しました。コロナ禍である二〇二〇年の年末年始の過ごし方の提案にもなるので、新聞社の経済部の方々に集まっていただき、試食もしていただきながら当社商品群の特長を説明しました。

コロナ禍で、旅行にも行けない、外食も出来ない、という中でもクリスマスや迎春には非日常な食事がしたいというニーズもあり、それらに対するスペシャリティの提案ができました。

二年目は前回の振り返りのもとに開催時期を一ケ月早く実施し、お声がけするメディアも食品関連の専門誌や雑誌、Ｗｅｂメディアなどに広げました。三年目は神戸で開催し、東京とはオンラインでつないでおこない、ロック・フィールドのおせち料理の提案と併せて、同年創業五十周年を機に制定した会社の新しいシンボルマークやビジョン（ビジョン２０３０）も紹介しました。

また、グルメスーパーなどで展開する新しい冷凍食品ブランド「ＲＦＦＦ（ルフフフ）」の立ち上げ時には東京・渋谷の某ホテルでメディアやお取引先様を招いた発表会を行いました。

これら発信の一部にはＰＲ会社を使用しました。その結果、同業他社情報などを交えた「報道資料」として発信するなど、自社だけではできない目線での伝え方もできました。

そして今年（二〇二四年）神戸コロッケが「グランスタ東京」に出店しましたが、東京の広報担当者だけで商品発表会の対応ができました。これまでは全員が総がかりでおこなっていましたが、ノウハウを活かして少人数でも細かく対応ができるようになりました。

トップ（社長）ＰＲについてはいかがですか。

会社紹介をしていただく番組などで、例えばビジョンやシンボルマークの話になったとき、社長の出番を作るようにしています。可能な限りトップの露出を増やしながら、その思いや志などが伝わればいいですね。新ブランド「RFFF」の発表時にも社長に思いを語っていただきました。

## 広報活動で心がけていることは何ですか。

大切なことは、自分の会社を正しく理解することです。俯瞰して大きく理解しながら自分の気付きと共にその形を整える編集力が重要です。会社が目指す方向性と共に、社内外から評価される広報でありたいと考えています。

これまでは社内で広報部門が正しく理解されていなかった側面もあります。その後、広報スタッフが企画のプロセスに参画したり、様々な部署と関係性を持つことで広報に相談される案件が本当に増えました。これからも頼られる広報になり、相談するならまず広報というように、社内的にも広報の役割をもっと認知してもらいたいと考えています。

発信のスタイルは変わりましたか。

私よりもスタッフの方が広報歴が長く、例えばリリースについても私の方から「こうするべきだ」という話はしませんでしたが、広報部内の様々なコミュニケーションや外部からのインプットをしながら、よりよい内容にアップデートさせています。

発信についても部内で検討し、コーポレートリリースや商品リリースなどリリースの性質によってコーポレートサイトやインターネットのリリース配信サービス、メディアへの直接アプローチなどと選択をするようにしています。情報を発信するだけでなく、情報の広がりや実効性についてより深く分析し、次のアクションにつなげるようにしています。

広報としてやりたいことはありますか。

創立五十周年で策定した「ビジョン２０３０」を基に当社の向かうべき姿を発信しています。そして、今年創業経営者が取締役からも退任します。そういう意味ではこのタイミングで古塚社長の思いや考え方をこれまで以上に社内外に広め伝えていきたいです。

これまではショップブランドを中心に情報発信をしていましたが、最近ではそれらを展開している会社自体が注目されています。今後はコーポレートブランドをもっと前面に出す形で、会社の考えをしっかりと共有いただけるように広報していこうと考えています。そしてそうした思いや価値観をステークホルダーの皆さんにも共鳴・共感をしていただけるように共有を図ります。

## 天野さんの考える広報マインドとはどういうものですか。

私は広報職に就いて五年目に入りました。ベンチャー企業では経営者が経営そのものの役割を果たしますし、経営者が広報の重要な部分も担います。それを逆に考えますと、広報は経営そのものであるという解釈ができます。

広報は社内と社外の間の視点を持てる部署です。会社を取り巻く環境を知り、会社を深く広く理解し、そのことを知らせ、共鳴・共感を得ることを通して企業価値を大きく高めることができます。それら一連のことはまさしく「経営」そのものですが、それこそが広報の役割だと考えています。

広報に携わる人、広報ができる人、広報を理解した人は、個人の職能と多くの新しい価値を高めることのできるプロフェッショナル職務なのです。そして広報は社内外を問わず多くの人に出会える職種です。そして出会った多くの人からその多様な価値観に触れることができます。そこで聞き、学び、経験したことが個人の人生にも大きなものをもたらすのだと思います。

## 広報職は人間性の拡大につながりますか。

確実に人間性を磨き高めることにつながります。自社の市場価値を高めつつ、自分の人生を豊かにできるのが広報職の醍醐味です。「ビジョン２０３０」に「仲間のチャレンジを奨励し」と記されています。ベンチャー企業は毎日がチャレンジの連続だと思いますが、大企業（病）になると保守的になり、チャレンジしなくなるということがあります。私は、会社はチャレンジし続けることでしか成功にはつながらないと思っています。そのチャレンジと成功の間には失敗がたくさんありますが、それを恐れていては成功につながりません。

例えば、最初から自転車に乗れる人はいません。最初はみんな転ぶのです。転ぶのが嫌で止めてしまうと一生自転車には乗れません。転ぶことは成功へのプロセスだと考えると何度も転んだ方がよいですね。それで乗れるようになるのですから。

天野さんの考える広報の心とは何でしょうか。

このように私は今もベンチャー企業のように失敗を恐れずチャレンジを推奨するロック・フィールドが大好きです。会社の人に「天野、会社のこと本当に好きだね」と言われたことがあります。愛社精神という言葉はもちろん知っていましたが、これまでその言葉を自分に置き換えたことはありませんでした。今は自分には愛社精神があるんだなと思いますし、できるならば愛社精神を持つ社員・従業員をもっと増やしたいと思います。そのためにも社内広報をもっと積極的に進めていきます。

ロック・フィールドの広報は秘書室に属しています。会社の方針や考え方によって、そのポジションは様々です。広報が所属する部署も、総務や経営企画、社長室、プロモーション部門や営業部に属する会社等と多岐にわたります。私は神戸の様々な企業と共同で勉強会をしています。正解はひとつではないと思いますが、そのような多くの学びの中から考え続けたいと思います。

もしこれから広報職を目指す人がおられたら、技術や方法論だけではなく、まずは広く好奇心を持つことが大切だと思います。そして第一はまず「聞くこと」です。「着眼点」は、まず聞くこと（＝学び）からでしか始まりません。

**天野　勝**

（株式会社ロック・フィールド
秘書室広報グループ グループ長）

1975年　兵庫県明石市生まれ
1998年　株式会社ロック・フィールド入社
1998年　伊勢丹本店 RF1 店長
2000年　東日本営業 スーパーバイザー
2005年　社長室
2009年　企画開発本部
2013年　静岡ファクトリー 生産グループライン長
2016年　東日本販売本部 グループマネージャー
2020年　秘書室広報グループ グループ長

寄稿

# 企業広報と行政広報を経験して

松下 麻理 （神戸フィルムオフィス）

## 1．はじめに

ホテルでウエディングプランナーとして働いていた私は、ある日突然異動を告げられました。行く先は広報。当時私が抱いていた広報のイメージは、スーツをかっこよく着こなして、颯爽とメディア対応をしているというぐらいしかなく、張り切って新しいスーツを買い込んだりしたものでした。ところが実際にやってみると、そんなに華やかな仕事ではなく、広報とは多くの経験を積み、多くの人と良好な人間関係を築くことが大切だと理解するまでに、長い時間がかかりました。ここでは、これまで私が広報担当として経験したことを、失敗も含めてご紹介させていただきます。

## 2. 情報は自分で取りに行く

ホテルの広報部門に異動してしばらくして、危機管理広報、企業広報、商品プロモーションなどを一通り経験して、ちょっと分かった気分になっていた頃のある日、総支配人から「仕事はどう?」と聞かれました。ホテル内の各部署から情報が集まってこない事にいら立っていた私は、「全然、情報が来ないんですよ。なんとか言ってください!」と訴えました。総支配人は顔色一つ変えずに「それは君が頼りにされてないからでしょ?」と事もなげに一言。当然、大ショックでしたが、なぜかその言葉はすんなり腹の底に落ちて、「ああ、そういう事だったのか」と納得しました。

それからの私は情報が降りてくるのを待つのではなく、自分から御用聞きに回る事に徹しました。自分から出向いて得た情報をメディアに売り込み、雑誌やテレビの取材を獲得する流れができ始めると、自然と各部署から今後の企画の情報が集まり、その企画がどうすればメディアに取り上げてもらえるかといった相談まで舞い込んでくるようになりました。

## 3. 視野を広く

ホテルで広報を担当する中で学んだのは、自社の事だけ語っていても記事にはなりにくいということでした。世の中で話題になっていること、季節を感じるもの、周年などに合わせた企画など、大きく世の中を見て、打ち出し方を考えることが大事だと思いました。また、こちらが書いてほしい情報だけを提供するのではなく、記者が求める情報をいかにすばやく出せるかという視点も大事だと思いました。例えば神戸空港開港一周年、就航都市からの宿泊客が何％伸びたか……といったデータをあらかじめ収集しておいて、問合せがあった時にはすぐに出せるように準備しておくといったことを心がけていました。当時、広報の先輩から教えてもらった言葉、「広報は軸足の五十一％を外の世界に、四十九％を社内に置くべき」を常に心に持っていました。

## 4. 徹底的に「聞く」

七年間ホテルで広報の仕事をしたあと、神戸市が公募した「広報専門官」に応募し、市役所の広報の仕事にチャレンジすることになりました。

「ゆりかごから墓場まで」という言葉のとおり、市役所の仕事は、人が生まれてから死ぬまでの間のすべての場面で関わってきます。よく「お役所仕事」と揶揄され、杓子定規な対応が槍玉に上がりがちですが、市民には見えにくくても、なくてはならない仕事がたくさんあることも分かりました。それを市民向けに分かりやすく広報していく事が私に与えられたミッションでした。

まず取り組んだことは、徹底的に「聞く」という事です。役所の人が当然のように使っている言葉でも、一般市民には理解しにくいものもあります。「この言葉の意味は?」と問うと、その言葉が分かりづらい事自体に気づいていなかったと言われた事もありました。そんな言葉を市民が分かる言葉に置き換えるという作業を、地道に行っていたものです。

## 5. キーマンを探す

市役所という大きな組織に飛び込んではみたものの、何をやるべきか分からず、勉強ばかりしているという毎日が続きました。今でこそ外部人材の登用は珍しくもなくなりましたが、当時は私しかいなかったので、メダカの池にブラックバスが投入されたような感じだったのでしょうか。役所の人々も私をどう扱ったら良いか思案しておられるような感じでした。

東日本大震災の直後に、ツイッターを立ち上げて支援情報をリアルタイムで配信したいと提案した時には、まだ市役所がSNSを行う前だったので、炎上したらどうするんだと反対されました。今では考えられないことですが、いつでも止められるようにと、私の名前でツイッター配信を行っていたのです。

そんな中でも、面白がってくれる人はいるもので、その人を突破口に、新しい企画を立ち上げたり、取材記事を掲載したりという事もできるようになり、どんなにデジタルの時代になっても、つまるところ人と人とのつながりが一番強いと実感しました。

## 6. 推しどころを探る

市役所の事業を「これ、どうやったら広報できますか?」と聞かれることが時々ありました。数多い事業の中には、どこをどう推せば良いのか、さっぱり分からない物も少なくありませんでした。事業を広く知ってもらう事がゴールだと思われがちですが、本当のゴールはその事業を知った人がどんな気持ちになるか、そしてどんな行動を起こすか、だという事を理解してもらうには、時間がかかりました。

「市民に役立つ情報を発信する」というスローガンを掲げ、その事業を伝えるべき理由は何なのかということを、担当の人と一緒に考えて行った過程は、お互いに良い経験となったのではないかと思っています。

## 7. 最後に

今、私は神戸観光局の一部門である神戸フィルムオフィスで映像作品の撮影ロケ誘致や支援を行っています。直接「広報」と言える仕事ではありませんが、神戸の魅力や文化を市民や市外の人に発信するという意味では、これも広報の一つの形だと考え、日々の仕事の中で、伝えるべきこと、多くの人々の心を揺さぶるようなことを探し、どのように発信するべきかを考え続けています。

ホテル、市役所、観光局と三つの場所で伝える仕事を経験するうちに、多くの神戸の魅力を知り、たくさんの発信をしてきました。けれどもまだまだ神戸には伝えるべき魅力があると実感しています。
伝える仕事に就いてからちょうど二十年目に入った今、一番大切なのは、自分自身が知りたいという気持ちを持ち続ける事、そしてそれを世に出そうと強く思い続ける事だと思っています。

**松下麻理**
（(一財）神戸観光局広報・メディアリレーション 神戸フィルムオフィス　担当部長）

奈良市生まれ。
神戸市内の3つのホテルでの勤務を経て、2010年に神戸市が初めて公募した広報専門官に就任。
2013年　広報官として神戸市の広報を担う。
2015年　神戸観光局内の神戸フィルムオフィスにて、映像作品の誘致やロケ支援を行う。
2023年　神戸観光局に新設された広報部門を兼務し、神戸の魅力発信を行っている。

# 「オフレコ」について

私の持っている辞書には「off the record. 記録・報道しないことを条件にして記者に話すこと」と書いてある。言葉の意味としては「記録に留めないこと」だが、この辞書にあるように「オフレコだが」という前提で話すことがある。

私自身はオフレコ前提で話したことはないが、同席した場でそういう言葉を何度か聞いている。

取材時に「これはオフレコだが」という前提で聞いた話でも、記者であれば書くと思う。話した以上書かれることは覚悟しなければならないだろう。本当のオフレコであれば話さなければよい、ということになる。

また、その話を書いてもらうために「オフレコだが」を使う場合もあるらしい。本来「オフレコだが」と話すことはNGだ。ある意味で記者は天邪鬼《あまのじゃく》で、「オフレコ」と聞くと無性に書きたくなる習性を持つ。記者は常にスクープを待っているのだ。

奥村森さん（オフィスオクムラ）は「本当のオフレコ話を言う人はいない。いたとしたらその人はちょっとどうかしている」と言う。「オフレコ」に対する認識の温度差はあるのかもしれない。

ベテラン広報の方に聞くと「絶対信頼する記者には、その人にだけ伝える情報をお話しすることがある」という。これはおそらく「オフレコ」にはあたらない。記者との関係性や信頼性の中で生じる情報提供の機微であろう。

広報としては、メディアごとに伝える発信内容を原則変えないことと、本当のオフレコ情報であれば絶対に言わない、ということは鉄則にした方がいい。

逆に、少し砕けたパーティやその他式典などの開かれた場所での発言は「ここで聞いたことは全部オンレコです」という演出にすると、緊張が走ると同時に何かワクワクもしてくる。三隅説夫さん（広報駆け込み寺）は、安田生命時代に社長が口をすべらせたことでも、記者に頼んで記事を止めさせていたらしい。やはり記者との関係性構築は大切なのである。三隅さんは広報と記者との関係を「敵ながらあっぱれ」な関係だと分析した。「敵」かどうかはさておき、記者と広報は同じ情報やネタを受発信し、社会に好影響を与えていこうとする同士でもある。

その上で「オフレコ」をどのように捉えていけばよいのか。まだ考える余地のあるテーマだ。

# 第3章

聞き書き

# 誠実に社会と向き合う広報

野村秀樹（森ビル株式会社）

取材：2020年7月

「広報」との出会いを教えてください。

広報という仕事に携わり二十三年になります。皆さんに意外だと言われるのですが、大学は理工学部で機械工学を専攻していました。当時、同級生は自動車や電機をはじめ、いわゆるメーカー系企業へ就職するケースが多かったのですが、私は何かのきっかけで森ビルという会社を知り、ご縁をいただいて入社することができました。都市づくりという仕事は五十年、百年と世の中に残る仕事です。永い時間をかけて、人々の生活や未来に影響を与える仕事に、夢とやりがいを感じたことを覚えています。

大学の専攻から、森ビルでは設計部にいくものと思っていましたが、入社後最初の配属は、営業企画というオフィスや住宅等のマーケティングや商品企画を行う部署でした。約三年所属した営業企画時代は、社会人としての基礎を学んだ時期でした。そのときに培った文章力やプレゼンテーションの能力は今でも役立っています。ちょうど入社四年目を迎えた頃、その営業企画の上司が広報室の責任者へと異動することになり、その際に部下のうちの三人が一緒に連れていかれ、私はそのなかの一人でした。一九九七年のことです。

**広報職に就かれてどのような働き方をされたのでしょうか。**

当時は六年後（二〇〇三年）に六本木ヒルズの開業を控え、社運を賭けたビックプロジェクトの成功に向けて、会社としてより積極的な広報に舵を切るタイミングだったのだと思います。もちろん私はそれまで広報については何の知識もイメージもありませんでした。それまでの森ビルは、オフィスビルを中心とした事業展開のなかで、ほぼＢｔｏＢ（企業間取引）のコミュニケーションが主であり、会社としても、いわゆる広報活動を広く積極的に展開していなかった。広報室も二～三名の人員体制で、例えばメディアリレーションについても受け身的な対応しかしていませんでした。

この上司は、持ち前の戦略性と実行力でさまざまなことをスピーディーに進めていきました。

まずは会社の知名度を上げようと、メディアリレーションの強化からパブリシティの獲得、プロジェクト説明会や記者懇親会の実施をはじめ、社内報発刊や企業広告出稿などなど、今では当たり前のように実施されているようなことを、どんどん立ち上げていったのです。さすがに当初の記憶はおぼろげですが、まだまだ小さな部隊だったので、私自身あらゆることに関わりながら、とにかく必死に取り組んでいた時代です。もちろん、その頃はまさか自分がそのまま二十年以上も広報に携わり続けるとは、全く想像もしていませんでした。

## デベロッパー企業の広報とはどのようなものでしょうか。

我々デベロッパーの仕事は、単にオフィスビルや住宅、商業施設等をつくるのではなく、街や都市全体を創造していく仕事です。都市は人々のあらゆる活動の舞台であり、都市づくりとは、そこに住まい、働き、行き交う人々の営みを想像し、よりよい未来を形にしていくこと。そういう意味では、極めて社会的責任の大きな仕事だと思います。だからこそ、社会とのコミュニケーションにおいては、常に都市や未来に対する明確なビジョンを示しながら、そこで活動する人々の視点で、社会と誠実に対話をしていくことが重要だと考えています。とりわけ森ビルは、都市とはこうあるべきだというビジョンが明確に、強烈にある会社です。その一貫したビジョンに基づいて、決して妥協することなく、ひとつひとつのプロジェクトを丁寧に創り上げていきます。そして、この軸は決してぶれることなく、すべてのコミュニケーションはそこに帰結します。だから、広報としてもぶれることなく、思い切り勝負ができるのです。

**具体的にどのような広報活動をおこなっておられるのでしょうか。**

まず情報発信について基本的な考え方があります。住み、働き、遊び、憩い、学ぶなどなど、都市とは人々のあらゆる生活の舞台であり、そこには日々、さまざまなコトやモノに溢れています。したがって、当社の広報活動においては、生活者の視点で、街の中で起こっているあらゆることを積極的に情報発信していくことを心がけています。そして、情報発信の際に常に意識するのが「社会的意義」です。例えば、単に日本一高いビルができたとか、日本初進出のホテルができたということではなく、それによって東京という都市の未来にどう貢献するのか、あるいは人々のライフスタイルや生活そのものにどのような変化をもたらすことができるのか。そのような事業やサービスの背景にある「社会的意義」をしっかりと伝えることで、森ビルの都市づくりに対する理解や共感を獲得するとともに、少しでもよりよい未来の構築につなげていければという思いを持って、日々の広報活動を展開しています。

## メディア（記者）とのリレーションはどう考えますか。

ＳＮＳ等の発展によりメディア環境が大きく変化し、世の中にさまざまな情報が溢れるなかで、信頼性の高い情報源として、既存のマスメディアの役割はますます重要になると、私は考えています。もっと言えば、情報のアウトプットの手段（媒体）が紙なのか電子なのか、はたまた別の何かなのか、それは時代により変化するとしても、その源にあるコンテンツの作り手としての記者の皆さんの役割は、変わらないどころかますます重要になる。だからこそ、今まで以上に各社の記者さん一人ひとりとしっかりコミュニケーションをとることを意識しています。コロナ禍において、その重要性を改めて実感することがありました。この（二〇二〇年）六月に、虎ノ門のあるプロジェクトが開業を迎えたのですが、従来であれば実施する開業セレモニーやメディア向け内覧会等の大規模イベントはできない。また、コロナ過での開業ということで、見方によってはネガティブに捉えられる懸念もありました。結果としては、すべて個別対応という形にし、一人ひとりの記者さんと丁寧にコミュニケーションをとることで、好意的な露出につなげることができたのですが、その背景にはこれまで培ってきた関係づくりがベースにありました。さらに、難しい状況下での情報発信、メディア対応を検討する過程で、ある記者の方からは情報の切り口やタイミング、望ましい取材や撮影の方法などのメディア側の視点で貴重なアドバイスをいただき、大いに参考にさせていただきました。感謝の言葉しかありませんが、これも日頃のコミュニケーションによるものです。

## 企業のフィロソフィーも伝えておられますね。

前述の通り、森ビルという会社は、都市づくりにおける明確なビジョンを持った会社です。その根底にあるフィロソフィーは、創業者である森 稔が築き上げたものです。二〇一二年に森 稔会長が亡くなりました。それまでは、いわば森 稔の存在そのものが森ビルでした。森 稔亡きあと、その哲学や情熱をどのように継承していくのかは、経営における最重要テーマでした。辻慎吾現社長は、それをあえて「森ビルらしさ」と表現して、「都市、特に東京に対する愛情と責任感」や「都市と真っ直ぐに向き合う姿勢」などと言語化しました。さらに、森ビルの社員において大切にしてほしい五つのこととして、「個性的であること」、「既成概念に縛られず新しいことに挑戦すること」、「志を持つこと」、「トップランナーを目指すこと」、「個の力を高めること」とまとめ、年始の社長講話や入社式をはじめ、節目節目で社員に伝え続けています。まさに「森ビルらしさ」は経営の軸であり、これを継承するだけでなく、さらに発展させていくことは、インナーコミュニケーションを担う広報の最重要テーマでもあります。

**さまざまな広報対応を経験されたと存じます。**

そうですね。ただやはり広報の最も重要な仕事は「守り」、いわゆる危機管理だと思います。私自身、何度か大きな事象を経験していますが、やはり対応は大変難しく、その時の経験は今も大切な教訓として残っています。企業活動も人間の行いである以上、事故や不祥事をゼロにすることはできません。もちろん日頃から会社全体で未然防止に取り組むことが第一ですが、それでも仮に起こってしまった場合、そこで問われるのは企業姿勢です。特に有事の際は、起きたことに対してどのような姿勢で対応するのか、そこを社会から見られている。重視すべきは会社の倫理ではなく、社会の倫理です。客観的な視点を持つという意味で、広報マンは会社と社会に片足ずつ足を置くとよく言われますが、危機時においては両足（全身）を会社の外（社会）に置くような意識が必要だと考えています。また、クライシスコミュニケーションの最大の対象は、やはりマスメディアです。細かいことですが、こういう時こそすべての取材に対して、決して逃げずに実際に会って対応すること。常に誠実に社会と向き合う、すべてのコミュニケーションの原点にある大切なことです。

**広報職にはどのような人が向いているのでしょうか。**

青臭いと思われるかもしれませんが、私が考える広報職の適性をひとことで表すのであれば、それは「極めて誠実であること」です。もちろん読む・書く・話すといった基本的なスキルも必要ですが、広報の仕事は技巧的に「上手い・下手」ということの前に、社会や人に対して誠実に向き合うことのできる「人間性」が問われるのではないかと思います。加えて、さまざまな情報に対するアンテナを持っているかどうか。社内の動きはもちろんですが、世の中がどのように動いているのか、自分なりの情報網を持つこと、そのうえで会社の中と外をバランスよく俯瞰して見る目を持ち、世の中の大きな流れを見誤らない感性も求められます。また、これはアンテナ（情報網）にも関わることですが、広報という仕事は、自分次第でネットワークや人脈を幾らでも広げることができます。メディア関係者はもちろん、行政関係者やクリエイター、さらに業界を越えて他企業の広報担当者ともつながることができる。一方社内においても、取材等を通じて各部署どこへでもアプローチできるし、また若手であってもトップや役員にも接触できる。そういう意味では、フットワークの軽さも大切な要素のひとつかもしれません。

「広報」業務を通じて出会った「人」を教えてください。

ＮＰＯ法人広報駆け込み寺の三隅説夫代表は、私の広報の師匠です。ある危機対応の際にサポートをいただいたことをきっかけに、それから十五年以上のお付き合いになります。広報としての姿勢やメディアとの付き合い方など、私の広報における軸となっている部分は、すべて三隅さんに教えていただいたと言っても過言ではありません。三隅さんが常々おっしゃる「逃げない、隠さない、嘘をつかない」は、常に誠実に社会と向き合うべき広報の鉄則です。長年のお付き合いを通じて、広報としてだけでなく、人として、ひとりの人間としての姿勢、生き方を教えていただいていると思っています。どんなに感謝をしても感謝しきれません。

広報業務を通じて印象に残っている出来事はありますか。

もちろんいろいろありますが、あえてひとつエピソードを挙げるとすれば、二〇一四年の虎ノ門ヒルズ森タワー開業広報の時の出来事でしょうか。開発プロジェクトにおいては、着工、上棟、竣工などという節目で情報を打ち出していくのですが、最も重要なのは街の完成を世の中にお披露目していくタイミングです。そして、伝えるのは決して施設の魅力だけではない。広報コンセプトは、虎ノ門ヒルズの誕生を通じて、「東京の未来を予感させる」ことであり、最も重要なのは、虎ノ門ヒルズができたことが世の中に与える社会的な意味を伝えていくということ。官民一体による道路と建物の一体開発、環状2号線開通の意義、その立地や東京オリンピック開催決定後というタイミングも踏まえれば、虎ノ門ヒルズは間違いなく、五輪に向けて大きく変わる東京の先駆けとして、象徴的なプロジェクトになる。すべての根底には、「東京を世界一の都市にする」という森ビルのビジョンが流れています。

おかげさまで、虎ノ門ヒルズの開業はメディアにも大きく取り上げられたのですが、メディア向けの内覧会でうれしい出来事がありました。内覧会に参加していた某大手新聞社幹部の方から帰りがけに声をかけられ、「実際にここにきて、野村さんが言っていたことがよく分かった。ここにくると本当に東京の未来を感じることができるよ」と。とてもありがたい言葉であったとともに、改めて森ビルの仕事に誇りを感じた瞬間でした。

## 改めて「広報」という仕事についてどう思われていますか。

まず、私にとっては、森ビルという「強い志」と「揺るぎないビジョン」を持つ会社で、長く広報という仕事に携わってきたことは、幸運であり、そして誇りでもあります。広報はもちろん難しい仕事ですが、大変面白い仕事だと思います。企業広報の本質は、社会との対話です。一方的に企業側から伝えたいことを伝えるのではなく、まさに世の中と丁寧に対話をしながら情報を受発信し、企業やその取り組みが持つ社会的意義への正しい理解、共感を獲得すること、ひいては企業ならびに社会の持続的な成長・発展に資すること、これこそがまさに経営機能の一翼を担う広報活動の要諦であると考えます。

何より、私はこの二十三年間、この仕事に一度も飽きたことがありません。なぜなら、社会や世の中は常に動いています。そして会社も常に動いています。その動いているもの同士においては、過去と同じことは何ひとつとしてありません。仮に同じような情報を発信しても、タイミングによって、時代の流れや世の中の空気によって、その受け止められ方は全く異なります。広報の立場で企業と社会の間に立ち、どの切り口どのタイミングで発信すれば世の中に最も響くのか、いかに社会（世の中）にアジャストしていくのか。そして、大げさかもしれませんが、いかに時代をリードしていくようなシナリオを描くのか。コミュニケーションのプロとして、常に時代の先端を感じながら、新たな戦略を展開していく、ここに広報という仕事の大きな醍醐味があると思います。

**野村 秀樹**
（森ビル株式会社　特任執行役員 広報室長）

1994年　青山学院大学理工学部卒、森ビル入社。
1997年　広報室勤務
2008年　広報課長
2010年　広報室長
2022年　現職

寄稿

# 取材する側・してもらう側から感じたこと

伊藤 亜紀子（光文社）

「広報」という言葉を聞いて、どんなイメージを思い浮かべますか。会社を代表する、華やかな顔でしょうか？　社内の各部署との調整役でしょうか。なかには社内外のクレーム対応に追われている姿を想像する人がいるかもしれません。「広報」という言葉の意味するところが広いため、企業によって捉え方はさまざまです。ここでは商品の宣伝・PRについて触れたいと思います。

私は大学卒業後、新聞記者として社会人のスタートを切りました。「取材させてもらい、記事を書く」立場を約十年、その後、出版社に転職して雑誌の編集、そして書籍の編集に携わった後、小説や新書などの宣伝・PRを行う部署で働いていました。

取材する側から取材してもらう側になったのは、書籍の編集をしたときです。自分が担当していた本を新聞や雑誌、ラジオ、テレビなどに取り上げてもらうため、文化部の記者や編集者（知らない相手も含みます）に手紙を書いたり、電話をかけたりして著者のインタビューや書評をお願いしていました。

自分が宣伝費をかけない（広告とは異なる）〝広報〟をする立場になったとき、思い浮かべた人物がいます。その方は、面倒くさい新聞記者などさまざまな相手の要望を汲み取り、相手が満足のいく対応をされる、広報の鑑《かがみ》とも言うべき女性でした。

当時、彼女は「神戸そごう」の広報として活躍されていました。今でも印象に残っているのは、私が社会人一年目にデパートの化粧品売り場で取材したときです。化粧水や美容液などの新商品について売り場の担当者に話を聞きながら、話題の美白化粧品に関して質問をしていました。

化粧品売り場の担当者とのやりとりを傍で聞いていた彼女は、私の取材が終わったあとに「○○については○○という表現は避けてくださいね」とやんわり伝えてくださったのです。説明の中で使いやすい表現のうち、薬事法（現・薬機法）の関係で注意しなければならない文言があったので、気にかかったのだと思います。

相手がベテランの記者や雑誌のライターさんでしたらきっと触れなかったでしょう。想像するに、「美白」について関心を持って尋ねているものの、専門的な知識が浅い私だからこそ、あえて優しく説明を加えられたのだと思います。この広報の方が素晴らしいのは、取材側を慮《おもんぱか》ったうえ、相手を立てて最低限必要な部分のみ言葉を発しておられることでした。簡単なようでなかなかそうはいきません。

広報の担当者によっては、年の離れた、しかも年下の取材相手に対して不安に思うような気持ちが時に態度に出てしまうこともあるように思います。広報の仕事がお好きであり、ある程度のキャリアのある方ゆえに、自然と取材相手に対する「値踏み」につながってしまうのかもしれません。相手の知識や仕事の内容を把握しながら、良い形に持っていくために万全を尽くすプロの方たちでも千差万別。それぞれのバランスがあるのでしょう。

新聞では基本、記事を掲載する前に取材先に見せることはしません。これは内容によってはときには掲載後、問題が生じる可能性があります。取材したものを原稿にしてそれを上司であるデスクと呼ばれる中堅記者がチェックはします。ただ、彼らもオールマイティーではありません。ベテランの広報の方なら引っ掛かるような事柄に気づかないことも多々あるのです。

尊敬する広報の方は阪神・淡路大震災時に全壊した神戸そごうで奔走されただけでなく、その後、閉店する大阪のそごうのマスコミ対応も務められました。さらに転職された会社で世間を騒がす出来事が起こったのですが、そのときもその荒波に対して毅然とした態度で臨まれました。

最近はオウンドメディアなど「広報」の役割が多岐にわたります。

私がへそ曲がりなのかもしれませんが、取材する側にいたときは企業のリリースをそのまま記事にするのには抵抗がありました。新聞記者など取材する側の多くの人は、自分が気になる、知りたいということを自ら探し出して話を聞くことに醍醐味を覚えるのだと思います。自らアンテナを張り巡らせながらネタ（題材）が取れるのが理想ですが、そううまくいくとは限りません。何かネタが欲しい。そんなタイミングを見計らってうまくアプローチされる、見事な広報の方の存在は非常にありがたいのです。

一方、広報の側からすると、こちらが取り上げてほしい内容が紹介されるとは限りません。そんなときこそ広報の出番。たとえば、私の場合、この小説は面白いと思ったものを、手を替え品を替えてメディア関係者にアプローチしました。そんな作品が文学賞を受賞したときの喜びはひとしおです。取材相手の関心と、こちらの思いがうまく重なれば、結果的にいい記事となり、反響を呼ぶことになった気がします。

今は在宅勤務も増えてオンラインによる仕事が広まり、ＳＮＳなどによる発信が話題を呼ぶ時代です。広報の在り方は、メール一つで終わるものではなく、ますます人と人とのつながりが大切になっていくのではないでしょうか。

顔が見えない時代だからこそ、リアルな「広報」がより求められていくように思います。

**伊藤 亜紀子**
（光文社）

大学卒業後　神戸新聞社入社。社会部、文化部などで記事を書く。
2006年　光文社に入社。
「女性自身」などの雑誌編集や、文芸図書編集部などの書籍編集に携わる。プロモーション部では小説や新書、レシピ本などの宣伝・プロモーションを担当。
2024年3月より、書籍販売部。

## 「すぐ」はいつか

リリース発信後に記者から電話がかかり、追加質問を受ける。もちろん分かっていることはその場で答えるが、調べないと答えられないこともある。「すぐにかけ直します」と言って切る。この場合の「すぐ」は何分後か。

広報になりたての頃、「〈すぐ〉は二十分以内」ということを聞いたことがある。調査の内容によってはあっという間に過ぎてしまうだろう。

奥村森さん（オフィスオクムラ）は、何時頃の応対かで「すぐ」は変わるという。新聞社内では翌日朝刊用の編集会議が一七時頃から始まるので、記者はそれまでに記事を一通り揃えておく必要がある。夕方の電話であれば本当に急ぐ必要がある、と。

三隅説夫さん（広報駆け込み寺）はずばり、すぐは「十五分」だという。また、記者が（新聞）社内でデスクに「ちょっと待ってください」と言った場合、「五分」以内に回答しなければいけないという。

「すぐに」と言った以上、完全に調査し切れていなくても遅くとも三十分後には連絡し、「現段階ではここまでしか分かっていない」や「もう少し時間がほしい」などを伝えた方がよい。もしくは「すぐに」ではなく「N時までにかけ直します」と答えた方がよいかもしれない。そしてN時にかけ直し、その時点での回答をする。そしてそれを繰り返す。

あるいは「その情報は何時までに必要ですか」と聞く。記者は時間との勝負をしている。特に日刊紙の場合、（締め切りや降版の）時間厳守は絶対のものだ。時間を守って回答をくれる広報は頼りになる存在になるだろう。

最悪なのは、「（電話を）かけ直します」や「あとで回答します」と言い、そのまま放っておくことである。

記者も人間だ。自分（や会社）の本気の様子を見せることで、相手にもその誠意が伝わる。そうしたことで記者はその広報を信用するようになる。信頼関係はそのような信用の積み重ねでしか構築ができない。

# 第4章

聞き書き

# 成長する女性広報の花

山岡礼（株式会社丹青社）

取材：2020年7月

「広報」に携わることになるまでの経緯ときっかけをお教えください。

大学生のとき、学芸員の講義で丹青社の方が講師としてやってきました。そのときは博物館や美術館などに携わる仕事がしたいと思っていました。このような空間づくり（ディスプレイ）の仕事があるというところに惹かれ、この会社を志しました。一九九一年のことです。

最初は商業施設空間の営業に配属となりました。百貨店、ショッピングセンター、駅ビルや専門店など、全国の現場にも出張しました。大変なことも多々ありましたが、お店が新規オープンして最初にエンドユーザのお客さまが来店される瞬間に立ち会える仕事は楽しかったです し、現在も当時がんばったことが糧になって活きています。

その後育児をしながら社会人大学院に通い、ＭＢＡ（経営学修士）も取得しました。これまでと同じような働き方ではいけないのではないか、と漠然と考えていました。

そして経営企画部門を経て二〇一一年に広報部門へ異動しました。当時の青田嘉光社長（現・会長）には、丹青社そのものと総合ディスプレイ業というものをもっと社会に周知させる必要があるという思いもあり、広報分野も強化するという方針の中での異動でした。

広報活動をどのように進めていかれましたか。

経営や事業にデザインの力・ものづくりの技術が加わることによって、より良い空間ができることなどをもっと伝えたいという思いがありました。それまではニュースリリースもほとんど出しておらず、専門誌などの取材を受けることが多かったのですが、もっと積極的に発信していこう、と少しずつ活動の幅を広げていきました。社長自らが積極的に取材を受けるというような形でメッセージを発信していきました。当時の社長である青田社長は一部上場会社のトップとしては珍しく、美大（武蔵野美術大学）出身でデザイナーとして活躍していたので、新なりわいのひとつであるデザインに強い思いがあり、且つ広報に対する理解もあったので、新しい広報業務はスムーズに進んでいきました。

まずは広報業務に優先順位をつけて動き始めました。トップ・上層部の考え方やマインドを会社内に共有していくことと、ウェブサイトを整理して情報を発信していくことなどです。そしてその情報を編集し、事業主であるお客さまや社会、またメディアにも伝えていきました。ディスプレイ業はＢｔｏＢ（企業間の取引）の業態ですので、一般には分かりにくい仕事です。手がけたプロジェクトの写真を見て頂くだけでは、どの部分が丹青社の仕事なのかが分かりにくいので、どんな人がどんなプロセスで仕事をしているのかきちんとお伝えしてご理解をいただくための広報を目指しました。

この仕事は企画やデザインといったソフト業務とともに、制作や施工といったハード業務もあるため、国土交通省の記者クラブと東商記者クラブにも情報提供をしています。新聞社からは経済部、生活（文化）部、社会部などの多岐にわたる部署の記者さんから取材いただいています。現在の広報室は五名体制です。広告・宣伝やプロモーション活動の一部も広報室でおこなっています。

業界ならではのご苦労もあるのですね。

今はメディア（体制）が変化し多様化していて、紙媒体と電子媒体も連動してきています。そのような時代に合わせて、企業側からもさまざまな形で伝える努力をしています。

当社の業態がBtoBですので、年間のリリース発信数はそれほど多くはありませんが、全国に相当数の「現場」があり、それぞれにお知らせする情報やトピックスがあります。現場のニュースには、事業主様の意向や承認を踏まえなければ使用できない情報やデータも多いので、随時確認をしながらの発信が求められます。一方で、事業主様にプロジェクトの意味やプロセスを伝えていただいたり、デザイナーにその空間のコンセプトを語ってもらうなど、お客さまと一緒に伝えていく場面も増えています。そのように空間づくりのプロセスから伝えることによって空間デザインや空間づくりの面白味を共有できますし、メディアの多様化に合った発信ができるのではないか、と考えています。最近では写真だけではわかりにくい部分を映像（動画）化して伝えるということも増えてきました。

## 広報業務の中で御社独自の工夫はありますか。

私が広報に異動したときは、ノウハウや人脈はもちろんのこと、基礎的な知識もありませんでした。ちょうどその時期に紹介していただいた「NPO法人広報駆け込み寺」に参加して、三隅説夫代表から広報を学んだのです。三隅代表の「逃げない、隠さない、嘘をつかない」という教えを今も守っています。また、その交流会に参加されていた多様な業界の広報担当の方々からも多くのことを学ばせていただきました。

また、空間づくりの魅力を伝える広報の素材は現場にありますので、そうしたものをニュースにするためにも社内のコミュニケーションを密《みつ》にしています。全国に年間六千件以上の現場がありますが、その現場のすべてにプロセスがあり、広報素材があります。すべての情報を拾うことは難しいので、各事業部の中の「広報アンバサダー」の人たちと定期的に情報を交換しています。そこで今後の予定やニュース性の高いトピックスなどの情報を得ています。現場の社員は目の前の空間づくりに集中しているので、時間を割いてもらうのは難しいのですが、この場で情報を提供しておくと、ちゃんと広報につなげてもらえる機会になるということを徐々に理解してもらえるようになりました。そのような情報交換の場は広報マインドの醸成にもなりますし、社内広報的な役割も担っています。広報から発信した情報などを社内ＳＮＳを利用して伝え、社内でもシェアしてもらえるようになりました。

トップ（社長）の思いや会社の方針とともに、デザイン（デザイナー）の魅力やものづくりのやりがいなどを伝えるようにしています。少しずつ発信量を増やしているとはいえ、この業界（総合ディスプレイ業）がまだ社会的に知られていない部分が多々あります。

当社は一九七〇年の大阪万博のパビリオンづくりなどを契機に飛躍しました。今は次の大阪・関西万博の開催決定などをきっかけに注目される機会も増えています。そのような大きなイベントの関連ということで株価を含めて、期待が高まるなか、広報がやるべきこと、広報だからできることもまだまだあると考えています。

ポストコロナ社会に向けて新しい動きなどもありますか。

社会が新型感染症の拡大という事態になり、今後「場」が持つ意味も少しずつ変わるのかもしれません。行きたくても行けない、会いたくても会えないという中で、「厳選された場所に足を運ぶ時代」だからこそ「空間」の価値を伝えることが大切になります。コンセプト（意味と理由）がきちんと存在し、そこに行くことでより理解が深まり、より良い時間を過ごすことのできる空間。そして常に新しい発見のある空間。その空間の持つ意味やデザイナーの思いを説明し、価値をきちんと伝えることに今まで以上に大きな意味が生じるのです。

振り返ってみると二〇一五年の本社移転と二〇一七年の社長交代は、会社の節目であり、広報としても大きな出来事でした。本社移転の際にはワークプレイスとワークスタイルの変革を青田社長が語り、その先進的な企業姿勢を伝えることができました。今般のコロナ禍で、社会的にも働き方やオフィスの在り方が改めて問われた形になりました。現在本社に出社している社員は二割程度です（二〇二〇年七月現在）。

当社では、二〇一五年の本社移転時にリモート会議やフリーアドレス制、そしてテレワークなどの制度ができていましたので、今回の事態でも比較的スムーズに対応することができました。オフィス（で働く）というものの考え方は、会社の考え方そのものだということができます。そのようなことも広報の素材のひとつです。本社（屋）をどうつくるのか、その中（外）でどう働くのか、情報をどのようにインプットし、アウトプットするのかといった仕事そのものに直結することは、広報するべき素材のひとつだと考えています。

## 丹青社ならではの広報活動はありますか。

プロダクトを生産・製造販売する事業とは異なり、目に見える商品はありませんので、「人」に会社とサービスを語ってもらう機会を作っています。

本社移転の情報は一般紙、建築業界専門紙、デザイン誌、人材系メディア等の多岐にわたるメディアから取材を受け、記事にしていただきました。さまざまな切り口でニュースを発信することができました。経営トップや新オフィスのデザイン監修者がその意図や思いを語り、本社移転プロジェクト担当者がそのプロセスや各論を語り、伝えました。掲載されたものは社員も読み、改めて自社の価値や良さ、(自己）評価につながる意味を理解することにも役立ちました。「未来創造」や「知的創造」をテーマとした新本社オフィスは、働く場所の新しいスタイルとして注目されて、移転後もオフィス内をご案内するオフィスツアーが随時実施されていました（現在は感染拡大抑止のために中止しています)。

現在もリモートワークが中心ですが、広報発信の質と量が落ちないように、広報スタッフが総がかりで取り組んでいます。記者クラブへの情報提供やウェブサイトでの情報公開のあり方も含めて、企業からの発信の仕方などはこれからの変化に対応していかねばなりません。

リスク発生時を想定した準備に取り組んではいますが、これまではそのような事態は起きていません。全国に現場がありますので、さまざまなリスクが想定されます。多くの災害もリスクのひとつです。クリエイティブをなりわいとしているので、（著作）権利に関するさまざまなリスクも想定されます。社会の変化も想定した準備と覚悟を心がけたいと思います。

広報として「情報」は扱い方を間違うと、きちんと伝わらないこともあります。当社として大切にしたいことは「丹青社らしさ」ということ。その社名に込められた思い（※）など他社にはないヒストリーとストーリーを発信するアウトプットに通底させながら伝えていきたいと考えています。

情報やブランドはなかなか見えないものですが、どのように扱っておられますか。

私自身はできるだけ「ブランド」という言葉は使わないようにしています。「ブランド」の意味はそれぞれの人によって受け止め方や使い方が違いますので、安易に使って意味がぶれたりズレたりしないように心がけています。代わる言葉はないのですが、あえて言えば「らしさ」や「思い」などになるのかもしれません。情報の受発信は広報が起点になることも多いのですが、広報だけが意識していても限界があります。トップや現場も含むそれぞれが情報の受発信に関して意識をしている、広報マインドを共有している状況が大切だと思います。今の社長である高橋社長も自分も取材を受けるが、もっと現場（の人間）を出してほしいという考えを持っています。そのように会社内の全員が広報マインドを持ち、自分の仕事をきちんと思いの部分から語ることができれば、その「らしさ」も伝わるのではないでしょうか。

私自身は長かった営業の経験が今の広報職に活きていると思います。広報は全社における「営業」のような存在なのかもしれません。自社のことを宣伝もしますが、独善的にならずお客さまにとってもメディアにとっても、ひいては社会にとっても意味があり、きちんとご理解のいただける形で情報をお届けする必要があると考えています。そうした姿勢はまさに営業職にも通じるものだと思います。

広報職として心がけることについて教えてください。

広報が扱うものでいうと、正解はひとつではありませんし、ここまでやれば充分ということもありません。常に自分自身をアップデートする意識を持ち続けたいと考えています。また社会に広がるさまざまな情報をきちんと収集するアンテナを立てておくことも大切だと思います。たとえ異分野の情報でも、自社に置き換えてみるとどうだろうか、という想像力や好奇心が備わっていればそれもプラスに働きます。マニュアル通りのことに留まっていると面白くありませんし、広がりもなくなります。既成概念でこれまでのやり方で良いだろうという考えでは、次に対応することが難しくなります。常に謙虚でありながら好奇心を旺盛にして、そのアンテナを立てておく姿勢でいたいなと思います。

そして、自社のことや自分が今取り組んでいることを好きになることも必要な要素です。「仕事だから」やるという割り切りも場合によっては必要ですが、会社やトップ、人や自社サービスが好きだという気持ちが広報職にも必要だと思います。自分の仕事や自社のトップやなりわいが面白いと思えないと辛いと思います。広報職の場合、特に饒舌である必要はありませんし、常にポジティブでなくてもいいと私は思います。冷静さやクールな面も大切です。ただ、その本質的なところでは、自分の会社や仕事や人を「面白い」と思える人であってほしいと思います。以前、広報室で（中途）採用をする際の要件として、広報の経験がなくても広報を知らなくても可、としました。ただし、デザインやものづくり、そしてそういうことに携わっている人に興味や関心がある人、という条件を提示しました。自分がやっていることだけに留まらず、自分以外のモノやコトも好きになれる感覚が大切です。

これまでに出会った大切な「ことば」があれば教えてください。

忘れられないのは、「切り花でなく、根をはり、成長する花になりなさい」という営業職時代の上司に言われた言葉です。当時は社内に女性も少なかったですし、女性社員で辞めていかれる方もいました。切り花はそのときは綺麗でも後まで咲くことはできません。きちんと根をはり、養分を吸って成長していける花になりなさい、と言ってくださいました。成長するには自分の努力も必要ですし、各人で働く環境も条件も違うので、自分で考えることも必要です。女性だからとか男性だからとかではなく、一人の人として成長していきなさい、と後押ししてもらった気持ちになりました。

「広報」活動を通じての印象的な出会いはありますか。

ＮＰＯ法人広報駆け込み寺の交流会などで出会った各社広報担当者の皆さまからは、本当にたくさんのことを教えていただきました。皆様がそれぞれ自社内のことを詳細まで教えてくださったことには当初驚きました。そのようにオープンに情報をシェアしてくださったことに感謝しています。代表の三隅説夫さんは、献身的にそのようなみんながシェアする場を創り続けておられます。ここに集まってこられるメディアの皆様方も相当にクレバーで、本当に勉強になりました。

交流会などはいつも面白く、楽しみに参加しています。

## 広報を志すときのその「心」とはどんなことでしょう。

広報をするためには、それをまず「伝えたいと思う心」が必要だと思います。それをより分かりやすく、より本質を伝えるために現場やトップなどと情報とマインドを共有し続けていきたいです。まずは伝えていくことによって相手に響き、その反響も返ってきます。加えて伝えたいモノやコトが好きになり、面白いと思うことが大切です。そのようなマインドを持って広報することで嘘のない発信になっていきます。

また、独善的にならず、伝えたつもりではなく心に伝わるものを目指したいと思っています。広報の仕事にはめげてしまいそうになることも多々あります。難しいこともありますが、それよりも得られるやりがいの方が大きいのが広報業務です。広報に百点満点はありませんが、たくさんの人たちと切磋琢磨しながら新しいコミュニケーションにチャレンジしていきたいと思います。将来的なことを考えて、次の世代にバトンを渡すことができるように準備もしておきたいと考えています。

（※）「丹青社」社名の由来
「丹青」とは、赤（丹）・青の基本的な二色から〝豊かな色彩〟を示し、転じて絵画や画家、絵を描くことを広く指した中国に由来する語です。「丹青の業」（美術制作・芸術的創造）は、豊かで快適な空間創造を手がける丹青社がひとつひとつのプロジェクトに込める熱意と独創性に宿っています。「丹青」は「丹精をこめる」ことにも通じ、空間づくりに心を込めて携わる丹青社の一人一人が心に刻む言葉でもあります。

**山岡 礼**
（株式会社丹青社 経営企画センター総務部長、株式会社ＪＤＮ取締役）
1968年　千葉県生まれ
1991年　明治大学法学部卒業後丹青社入社
2007年　子育て中に社会人大学院でＭＢＡ取得
2011年　広報部門へ異動、企画広報課長就任
2018年　広報室長に就任
2020年　株式会社ＪＤＮ取締役兼務
2022年　総務部へ異動、総務部長就任
災害対策など危機管理と共に、働き方改革を含めた戦略総務に取り組む。趣味はランニングとゴルフ。

寄稿

# アフター／ウィズコロナ時代の企業経営と広報

福井　誠（武庫川女子大学）

## コロナ禍のあとに

コロナ禍によって、二〇二〇年は歴史の大きな転換点として記憶される年になるだろう。この一年間で社会生活は大きく変化し、企業活動を取り巻く環境も劇的に変化した。

まず社会生活では、人々の移動は大きく制限された。日本の強力なパスポートを持っていればＬＣＣを使って思い立った翌日には世界のどこにでも降り立つことができた。東京への出張はまるで隣町への移動のように思えた。

しかし、いまや海外とは鎖国状態。海外旅行など想像すらできず、隣の県への移動でさえ強く制限されている。日常生活に目を向けると通学や通勤も在宅での遠隔授業とリモートワークに置き換わった。コミュニティ活性化の強力な援軍だった飲み会や地域イベントは次々と中止となり、これらを支えてきたイベントプロモーターや飲食業は廃業の瀬戸際に追い込まれている。

では、この半年ほどの変化は今後ワクチンや治療薬が開発されれば嘘のように元に戻るだろうか。たぶんまったく元通りとはならない。市民の暮らしは深いところで変化をしてしまったのだ。

## 企業経営への影響

企業への影響はどうか。旅行・飲食業だけでなく、ほとんどの企業が需要予測を立てることもできず、海外に依存したサプライチェーンは機能不全に陥っている。結果として多くの企業が中期経営計画どころか今年の業績見通しさえ開示できない状況にある。企業経営はすべてが根底から不可逆に変わってしまった。これは市民以上の変化であろう。

かくして従来の経営手法がことごとく通用しない時代がやってきた。かつて企業の唯一の社会的責任は利益の増大にあると信じた企業は、株主の利益が最優先、短期的な利益創出に身を削り、あげくにコロナ禍というブラックスワンの登場で数ヶ月の籠城にも耐えられず存続すら危うくなっている。

ただ、これらの変化がすべてコロナ禍の仕業ともいえまい。例えばコロナ禍以前に、多くの経営者が株主至上主義の経営からの離脱を表明していたことからも明らかだ。

このような状況の下で、企業と社会とのコミュニケーションはどのように変化したのだろうか。企業の社会的責任は英語にするとCorporate Social Responsibilityだが、Responsibilityはresponseとabilityという二つの単語に分解できる。つまり企業として社会的にきちんと対応する能力があるという意味だ。よく似たニュアンスの単語にAccountability（説明責任）があるが、説明責任が過去の決定や行為に対して説明する責任を意味するのに対して、Responsibilityはこれからの決定やそこから引き起こされる未来の出来事に対する企業の責任を意味する。

過去の企業活動の中で生み出した商品を売り込むために自らが発信するコミュニケーションが広告なら、将来に向けての社会変化への対応の責任を企業が発信するのが広報ということになろう。

## 広告と広報

コロナ禍を契機に、広告ではなく広報に注目が集まるようになった。このことについてもう少し掘り下げてみよう。

広告と広報は基本的によく似た活動である。ともに会計処理上は販売管理費、売り上げ増加に貢献する経費に組み入れられる。しかし直接的なスピード感では広告は広報を凌ぐ。モノやサービスを対象とする広告宣伝が直接的な販売増加を目指すのに対して、企業そのものの姿勢や方向性を扱う点で広報の効果は迂遠だ。さらに、広告は自らが費用を払って「する」能動的行為であるのに対して、広報は情報を提供したあとは他者に「される」受動的行為である点でさらに回りくどい。

さらに、ここで登場する「他者」も見えにくくなっている。広報を担ってくれる他者は、以前であればマスメディアであった。インターネットが登場し、ＣＧＭ（Consumer Generated Media）がその中心となるにつれて情報拡散の担い手は普通の市民にかわった。マスメディアに取り上げてもらうだけなら、テレビや新聞の人を日頃から接待して仲良くしておくだけでよい。しかし、不特定多数の一般市民と毎日飲み会を開いて懇親を深めることなど不可能だし、コロナ禍の昨今ならなおさらである。さらにいえば、マスコミを接待したらきっといいことがあるなんて、実は過去にもなかったのだが。

このように書き進めると広告は広報よりも分かりやすく、直接的な効果もあって魅力的に響く。しかし、広告のメッセージは、コロナ禍を機に一層嘘くさく響くようになった。これは広告主もよく理解している。各界で活躍する著名人が豊田会長に取材する「トヨタイムズ」は明らかに広告なのだが、企業のトップが取材を通してステークホルダーに訴えかけるという体裁は広報そのものである。つまり広告が広報に近づこうとしている。

## 分断された社会の中で

ハンス・ロスリングはベストセラー「ファクトフルネス」で社会の分断は思い込みだと説いたが、もし、ロスリングが存命で現代を再評価したならどうなっていただろう。

世界最多のコロナ感染者を抱えていたアメリカ合衆国では、共和党、民主党の支持者層が対立するなど、社会はますます分断に向かっている。日本では、これまであえて見ないようにしてきた社会格差がコロナ禍により明瞭に目の前にあらわれた。この社会の分断こそが企業にとっても人々にとってもコロナ禍がもたらした最大の変化なのである。そこでは直接的な広告は人々の心に響くことはなく、企業は広報を通して他者を巻き込む方法を確立する必要がある。

ドラッカーはマネジメントとは組織に特有の使命を果たすために存在するのであり、利益は企業存続の条件であって目的ではなく、明日もっと良い事業をするための条件だと述べた。しかし、この分断された社会の中で、企業はすべてのステークホルダーを味方につけることなどもとよりできない。これからは企業も社会を構成する一つの主体として、トップ自らが先頭に立ち、組織特有の使命、すなわちこれから進むべき方向や未来に対して果たすべき社会的責任を明確に示し、これに賛同する人々を探し出して彼らとコミュニケーションをとりあいながら企業戦略をスピーディーに実現することが求められる。これこそがコロナ禍で混迷と分断を深める社会にあって企業経営に求められるものであり、広報への期待なのである。

**福井　誠**
（武庫川女子大学　経営学部長）

神戸市生まれ。

関西大学大学院修了後、シンクタンク勤務、広告代理店経営などを経て、富山女子短期大学講師、甲子園大学助教授、教授、流通科学大学教授、副学長を経て、2020 年、武庫川女子大学に新設された経営学部の初代学部長に就任。

専門は社会心理学部、経営情報学、社会情報学。

# 「広報マン」の資質とは

「広報」は会社における人気職種だ。ＰＲや宣伝や会見に携わり、一見華やかな印象のある仕事で、永年にわたって人気の職種である。

私は一九八六年に広報という仕事に出会い、「広報」という概念のなかった会社にその必要性を説いた。二〇〇四年より十五年間広報部の責任者を担った。その間、社長交代（一九八七年）、社名変更（一九八九年）、ＩＰＯ（二〇〇六年）、個人情報漏洩、下請法違反などの広報対応をした。自分の中では広報は「天職」だ。

奥村森さん（オフィスオクムラ）は、オリンパスでの広報職は「御庭番」だったという。目立たず、裏方仕事をこなし、機転が利き、文章が書け、語学ができ、トップとうまく連絡がとれる人。まさに社内のロビイスト的存在である。

広報の仕事には正解がなく、想像以上に地味な業務である上に、各所から文句を言われることはあっても評価されにくい。広報業務でモチベーションを高く持ち続けるには、なかなか難しい側面がある。

三隅説夫さん（広報駆け込み寺）は、「人」のことが好きで、ある程度おせっかいな人が広報に向いているという。例えば何かに回答するとき、聞かれていないことでもプラスアルファで追加で教えてあげることのできる人。そのように相手を喜ばせることに「想像力」が及ぶ人が良いという。この人はこういうことを聞くのではないかとか、この人にはこういう情報が有益ではないかと先に気を回しておく。

また、（自分の）会社のことを一番好きで、会社を愛する「フォア・ザ・カンパニー」精神があるかどうか。自分が会社に惚れこみ、会社が世間や社会から惚れこまれるためはどうすればいいのか。常にそのような思考をしている人が広報向きの資質だという。「天職」の私は果たしてどうか。

# 第5章

聞き書き

# 広報の道は「人の道」

奥村森（フォトジャーナリスト）
取材：2020年7月

奥村さんはオリンパスで広報と出会われたのですか。

大学卒業後、私は欧州で通信社の嘱託カメラマンをしていました。ベトナム戦争、キプロス内戦、サハラ砂漠のトゥアレグ族などの撮影で、飛び回っていました。この仕事は紛争地域や危険を伴う地帯での撮影なので、事件や事故に巻き込まれる危険を伴います。撮影の対価となるギャランティはたいへん良かったのですが、本当に危険な仕事です。

そして長女の誕生を機に正業に就こうと考え、日本に帰国しました。一九七五年、私が三十歳になる年です。

ご縁があって婦人之友社とオリンパス光学工業の試験を受けることになりました。そのときは出版社に入って写真の仕事をしたいと思っていましたが、オリンパスの面接が先にあり、そちらに決まってしまいました。

オリンパスでは最初に宣伝課に配属され、百貨店で行う「カメラショー」などの催事を担当しました。報道カメラマンをしていた経歴から、カメラの機械的な仕様の説明なども得意だと思われたのかもしれません。しかし、カメラマンにメカニックはわかりません。まだ若かった私は「知らない」と思われるのが嫌で、隠れて猛勉強しました。

年間一九六日間、百貨店での催事に行っていました。相当きつい仕事でしたが、カメラの構造や機械的な仕組みについて猛勉強してすべて覚えたことは後々の大きな糧になりました。開発や製造現場の人たちは、写真を撮る人の気持ちがよく分かっていません。そのような現場の人たちは、写真家だった私の意見をよく聞いてくれました。「オリンパスペン」や「オリンパスＯＭ−１」を設計・開発した米谷《まいたに》美久さんにも気に入られていました。当時のそのような私の助言や意見は大ヒットした「ＯＭシリーズ」などに反映されています。

催事の仕事があまりにも辛いので、ストレスで微熱も出ました。入社一年後に『婦人之友』の副編集長に相談に行きました。その人に「あと一年オリンパスにいなさい。二年間がんばれない人は婦人之友社にも要りません」と言われました。この言葉は今でも覚えています。

二年後（一九七七年）、総務部の広報係へ異動となりました。それまで私は「広報」については何も知りませんでした。当時の広報係は会社の「窓際」的な扱いの部署でした。まして係長は私に何も教えてくれません。私は何をしてよいかが分からなかったので、まずは経団連ビルにあった記者クラブの「機械クラブ」に通いました。そこで出会った工業系三紙（日経産業新聞、日刊工業新聞、日本工業新聞）の記者の人たちが面白がってくれて、広報に関するさまざまなことを教えてくれるようになりました。記者クラブ近くの喫茶店でニューズレター（プレスリリース）の書き方、記者発表のやり方、取材対応など、広報担当者として最低限必要なノウハウを教わりました。記者の方々に上場企業の広報担当者を「育ててやろう」という意識があったのかもしれません。三段構えのニューズレターの書き方（新聞用、雑誌用、専門誌用）を教わりました。

そのように記者の方々から「指導」を受けたニューズレターなので、そのニュースは高い確率で記事として掲載されました。精度の高いリリースになっていたことと、それを教えていた記者はそのニュースを必ず記事にするからです。今から考えると良い時代でした。

私が広報に関わって最初に掲載されたニュースは「パールコーダー」の記事です。オリンパスが開発したマイクロカセットを使う録音機です。当時はまだ兜倶楽部（東証記者クラブ）への業績などのリリースが大半で、（新）製品のニュースなどはあまり掲載されていませんでした。

「パールコーダー」の記事は、オリンパスの社内でも大きな話題となりました。それまではリリースの発信体制が無く、取材に来た記者の対応をしている程度の広報活動だったのです。

私は引き続きカメラ、内視鏡、顕微鏡などの精密機械について猛勉強・猛研究をしました。現場である工場を回って作り方を教わりました。相当熱心に勉強して聞いていましたので、その姿を見て製造部門から勧誘されたこともあります。

とにかくまずは勉強して自社のことを知っておかないと、広報業務はできないと思っていました。

開発部門から届く製品の資料は専門的な仕様書だけなのです。見本品もありません。それだけではリリースは書けないと思い、さらに猛勉強の日々でした。そのうちに開発部門の人たちとも仲良くなり、専門的知識も確実に増えていきました。精密機械の社内史にも精通していきました。精密機械の場合、覚えないといけないことはたくさんあるのですが、一度覚えてしまうと基本は変わらないので楽になります。そのような努力が実り、新聞などへの記事の掲載数が飛躍的に伸びていきました。

広報活動が本格化してきました。

第一勧業銀行からきた当時の北村茂男社長に「砂場理論」（※）という教えがあります。オリンパスのような精密機械の製造開発メーカーは、開発部門に相当な費用を投入しなければ成長はない、というものです。そして実際に北村社長は売り上げの十六％を研究・開発部門に投入をし続け、その後のヒット商品の連続に結実していきました。

私はそのような英断を実行することができる北村社長を尊敬していました。自社のトップ（会長や社長など）を尊敬できる、好きになることも広報担当者の大切な資質のひとつなのかもしれません。

私は北村社長に「付いていく」ことを決めたのです。兜倶楽部には、中期経営計画などの将来の計画に関する資料の投げ込みなどは行っていましたが、それだけでは足りないものを感じていました。私は北村社長を「スター」にしたいと思いました。北村社長の経営論や経営哲学をマスコミに伝え続けていき、最終的には『日経ビジネス』誌に北村社長の特集が掲載されたりもしました。

当時、製品のシェアや売り上げなどではニコンやキヤノンに大きく水を開けられていましたが、（月間の）記事掲載数で両社を抜いていた時期もありました。

オリンパスには光学の分野（内視鏡や顕微鏡）で秀でたものがありました。現在普及しているＣＤやＤＶＤなど光学ディスクは、オリンパスの「ＴＡＯＨＳ」（Two Action Optical Head System）という技術が元になっています。

そのような広報活動が奏効したことによって、株価もあがります。それによってさらに開発部門に投資するための資金調達ができるようになりました。

オリンパスの広報係は（実質）私一人でやっていましたが、総務にあった広報係はその後宣伝部の広報課となり、そちらに異動となりました。記事掲載の実績などが目に見えて増えていましたので、社長や役員にも徐々に会社における「広報」の役割というものが浸透してきたのです。そして新たに若い女性を広報課に一人配属もしていただきました。

当時の女性社員の主業務はまだ「お茶汲み」や「コピーとり」という時代でした。もうそんな時代でもなかろう、と宣伝部の女性はお茶汲みとコピーとりをしなくても良い、というルールにしました。女性社員にちゃんとした「仕事」を与えるということがようやく始まったのです。そして半年後にはそのルールはオリンパスの全社に浸透したのです。

前述のように、オリンパスはニコンやキヤノンを月間記事掲載数で抜くことができました。

が、まだまだ上には上があります。私の中に松下電器やトヨタ自動車を抜きたい、という気持ちが沸いてきました。今はどうなっているのかは分かりませんが、そのような大企業は当時新聞社一社ごとに広報担当者がいました。オリンパスでは考えられないことです。それで躍起になって、社内からネタを探し、多頻度でリリースを発信していきました。一日に三〜四つのニュースリリースを書いて続々と記者クラブ宛に発信しました。そして松下電器やトヨタ自動車を月間の記事掲載数で抜いた瞬間もありました。

広報活動に何か工夫した点などはありますか。

記事を大きくするためには（業界の）話題を先につくっておき、そして新製品のリリースを打つことによって大きなニュースにしていく方法があります。例えば内視鏡の新製品が出たとき、癌で入院し手術を受けて無事に退院した有名人がいて、その人を女性誌に取材させるために仕掛けました。当時は内視鏡での検査はありましたが、内視鏡での手術は珍しい時代です。有名人から内視鏡手術で助かったという話が出てきますが、それで「内視鏡」に注目が集まり、オリンパスの製品が紹介されるきっかけになります。

内視鏡をテーマにした吉村昭さんの小説「光る壁画」（一九八一年）は、読売新聞の連載小説でした。当時、吉村さんがオリンパス社を訪ねてこられ、私が対応しました。内視鏡（開発）に関する資料などが必要なのですが、日刊の新聞連載なので情報提供が間に合いません。必要な資料を社内から探し出して、その都度吉村さん宅に郵送しました。オリンパス一社だけでは判明しないことがあり、東京大学の先生をご紹介したこともありました。吉村さんの小説には嘘がまったくありません。

社内的には内視鏡部門とカメラ部門とでは必ずしも仲がよいわけではありません。互いに切磋琢磨しているわけです。そのような意味で、柳田邦男さんによる日本企業の躍進の秘密を追う書籍『日本の逆転した日』の中にオリンパスカメラ開発秘話も入れてもらうことができ、バランスを保つことができました。

余談ですが、読売新聞の「光る壁画」連載終了後に吉村昭さんの奥様の津村節子さんから、吉村家のお嬢さんと私とのお見合いの話がありました。吉村さんが私の父・奥村土牛の（絵の）ファンでもありました。私は既婚者でしたのでお断りするしかなかったのですが、オリンパスの内視鏡グループにいた好青年を紹介して成婚にいたりました。

私が文章を書くようになったのは吉村さんに「思いのままに書いてごらんなさい」と言われ

たからです。その言葉が私の著書『相続税が払えない』(文藝春秋ネスコ)につながっています。

広報的な仕掛けで大きく報道されたことがあります。北海道・帯広のグリーンパーク内にある「四百メートルベンチ」に市民の方々に並んで座っていただき、カメラを百台並べて撮影しました。当時の帯広人口の三分の一が集まったといわれました。その写真を富士フィルムさんに繋げていただいて、お祭りの日に壮大な屋外展示をしました。新聞各社は空撮写真を使って報道しました。

また、アメリカのレーガン大統領が来日した時のお土産の中にオリンパスのカメラを採用していただくことにも成功しました。当時アメリカとのパイプを握っておられた宮澤喜一さんを通して調整し、採用にいたったのです。

広報職で辛いこともありましたか。

当時の北村茂男社長は、どちらかというと表に出るのが好きな人ではなかったのですが、私の言うことだけは聞いて取材などを受けてくれていました。トップに対する(渉外の)窓口は一本にしておかないと統制がとれません。

北村社長には「わしが社長の間、君は御庭番（※2）だぞ」と言われていました。私利私欲を捨てて絶対服従の、会社だけのことを考えて諜報するロビイスト的な役割です。

オリンパスの社長が北村さんから下山敏郎さんに交代する直前、社長室に呼ばれました。そして下山さんも呼び、社長が面会する人（の人選）は奥村君に絞れ、と言いました。そのような約束がなされて社長交代となったのです（一九八四年）。

社長交代の記事は発表前日に日経新聞に載ってしまいました。本来あってはならないことですが、その情報源が下山さん本人でしたので、記事にはなってしまいます。掲載することが分かったとき、私は日経の記者に「私が北村社長にこのことを告げると次期社長は別の人になる（可能性がある）」と言いました。そのような軽率な行動（リーク）をとる人であることを知らせた場合、本当に人事が変わってしまう可能性があったからです。それで前日の日経新聞は最小の囲み記事で済み、他紙への面目を保つことができました。

下山さんは世田谷の祖師ヶ谷大蔵に住んでおられ、拙宅のご近所でした。そのような縁から、トップ取材につきものの、記者の「夜討ち朝駆け」なども私が調整していました。取材を記者にリードさせるのではなく、こちら側から「夜討ち朝駆けさせる」ことによって、情報の歪みを減らせます。また記者との信頼関係も生まれてきます。

商法改正（一九八一年）によって、総会屋が株主総会から締め出されました。その結果、総会屋が業界紙を装って迫ってくるので、対応窓口が総務部から宣伝部にかわりました。北村社長の自宅前で街宣車から「軍艦マーチ」を大音量でかけるなどの嫌がらせもありました。警察から「奥村さん、殴られてください」と言われたこともあります。そうなれば傷害で捕まえることができるからです。しかし相手もプロです。私は一度も殴られずに済みました。

ほぼ反社会的勢力ともいえる総会屋が何度も会社に来るので、事を収めるために先方の事務所に行ったことがあります。そのとき相手は五十万円以上の請求をしていましたが、私は五万円だけを持っていきました。万一のときのために友人の警察官にもついて来てもらったのです。友人には外で待っていてもらいました。友人の言いつけとおり、最初の十五分間は黙って相手の言い分を聞いていました。少し落ち着いたところで私が「落とし前をつけにきた」と話し出します。「私はサラリーマンだから（出張経費上限の）五万円しか出せない。これで収まらないのであれば」と言って左手をテーブルの上に置きました。「ここで私の指を詰めるのは構わないが、表に警官を待たせてある。事を荒立てない方がよいのではないか」と言います。すると相手は「あんた、割といい度胸してるじゃないか」と言って五万円で収まりました。

そのことがなぜか伝聞として流布してしまい、東京電力や東京ガス他、大手企業の総会屋対策のひとつの方法として流通したこともあります。

株主総会の直前のリハーサルでは、私が総会屋役となって下山社長に「質問」します。「下山さん、アンタね、そんなことで済むと思っているのかっ！」と脅しをかけるのです。そしてさらにボロクソなことも重ねていくのです。株主総会終了後に下山社長から「あれで助かった」と褒められました。

## 広報の本質とはどういうものでしょうか。

広報の本質ということでいえばそれは「人の道」を忘れるな、ということになります。絶対に人の道を忘れてはいけません。会社も最後の単位は「人」です。そしてその「人柄」です。それぞれが企業人である前に「人」であるべきです。ですからその人柄が企業の格を決定するのです。

ただし「人間的魅力」があり過ぎると広報（職）には向かないのかもしれません。出過ぎたり魅力があり過ぎたりでは広報にならないことが多いと思います。広報が目立つ「スター」になる必要はありません。きちんと後輩を育て上げるだけの影響力はありながら、表面的影響力は消していくのが本当の広報の仕事だと思います。

文章（力）については、きちんと相手に素直に受け入れられる言葉にすることが必要です。それは読んだり書いたりすることで鍛えられますが、勉強しても得られない先天的なセンスということもあるのかもしれません。

私は特に父・奥村土牛が心がけていた「謙遜の美徳」を学びました。その他、両親から学んだことも多くあり、今も大きく私の中に影響しています。

そしてこれまでにさまざまな人との出会いがありました。広報の現役時代より今の方が皆さんから聞いた言葉が素直に受け入れられます。

その後のオリンパスの損失隠し事件は、大会社病とも言えますし、広報が忖度した結果とも言えます。下山社長は取材に対して「陸軍士官学校卒の自分が嘘をつくはずがない」と言いましたが、そういうことは言ってはいけない言葉です。何の裏付けにもなっていません。

事件のあと、オリンパスの人からは「奥村さんが広報にいたらこうはなっていなかった」とも言われましたが、自分の性格からすると、トップに反対して事件が発生する前に辞表をだしていたと思います。

思い出すのは菊川剛社長が課長のときに飲みにいったことです。当時私は係長でしたが、菊川さんに「今日の支払いは労組のカネですか」と聞いたら曖昧な返事でしたので、少し喧嘩になって私は怒って帰ってしまったのです。後日、私が雑誌『プレジデント』の仕事で菊川社長を取材したとき、菊川さんは同行した編集者に私のことを「金持ちでおっかない人」と言いました。

オリンパスの損失隠し事件で関与を認めたオリンパス役員と金融関係者は、私の父・奥村土牛が亡くなったときに訪ねてこられました。オリンパスの株主への損失補填用に土牛の絵を売ってほしい、という内容でしたが、結果的にお断りしました。

広い意味で「広報」は危険な水域まで行く仕事であるということが言えると思います。私も広報を担当して身を持ち崩した人を多数知っています。会社の中で、広報職は一番身を持ち崩しやすい職種なのかもしれません。

広報で出会った「この人」はありますか。

事程左様に、私は北村茂男さんを尊敬し続けたのですが、それは個人的にも広報職としても本望で幸せなことでした。私がオリンパスを辞めるときには北村さんに「君は定年か」と言われたのです。「まだ早いぞ」という意味だったのでしょう。

それから十年後、北村さんが闘病中にお見舞いに行きました。そのときオリンパス時代に北村さんが掲載された新聞や雑誌の記事を全部コピーして持っていきましたら大層喜んでいただき、「自分が死んだら棺桶に入れるから」とおっしゃいました。その後北村さんは二〇〇二年に亡くなられました。

北村さんは性格的には夢をたくさん描きながらも、冷静沈着な人でした。社員・従業員一人一人への気遣いが、たいへん深くあり、決断しなければいけないところは恨まれてでも即断します。まさに「男っぽくて知的」な人でした。今でも尊敬しています。

経団連関連の協賛案件を持っていった際に「社長が付き合いでやるのであればやってください。ただしその効果はゼロです」と言うと「じゃ止めよう」と言ってくれました。私自身も（機械）記者クラブからは好かれていましたが、経団連関連の人たちからは嫌われていたのかもしれません。

北村茂男さんは経団連の中でも大きい存在だったと思います。話し方もうまいし説得力もありました。北村さんの発する言葉のひとつひとつが心の中に飛び込んでくるのです。決して伊達や体裁でものを言っていないことがわかるのです。私はこれまで多くの経営者の取材もしてきましたが、北村さん以上の経営者に出会ったことはまだありません。

広報で出会った「ことば」はありますか。

広報業務を通して今も役だっていることは、言葉を作ってはいけない、「自然であれ」ということです。

そしてどんなときにも「事実」以外は語ってはいけないということ。装飾語は読んだ人がつければいいんです。「世界初」や「日本一」という文言を私もリリースに書きました。記者はそういうニュースを取り上げたいと思う一方で、そういう言葉を一番疑います。広報と記者は正反対側の存在ですが、そのように反対に存在するが故に相手の裏側まで見てしまう、あるいは見えてしまうという側面があります。

決して騙したり騙されたりはよくありません。しかし、騙されるときはきちんと騙される覚悟で騙された方がよいと思います。

広報担当者が語る言葉は、記事として世の中を駆け巡ります。やりがいはありますが、言葉が一人歩きしますから恐ろしいことでもあります。広報は紛れもなく「会社のため」の仕事です。会社がつぶれたら自分の働く場所もなくなるのです。「会社のため」は「自分のため」です。
絶対に忘れないでください。

(※)「砂場理論」は、創造性の秘密。子供たちが砂場で山を作る時にアイデアだけでなく実際に手を使っていろいろな大きさの山を作る(個人作業)。それに飽きると、みんなで意見を出し合い、砂場に水を入れようということになりまた遊びが発展する(共同作業)。目標に向かってものを創造していく際のプロセスの理想像。
(※2)「御庭番」は、江戸幕府の職名。将軍に直接命をうけ、諸大名の動静・治績などを報告した。

**奥村 森(勝之)**
(オフィスオクムラ代表、フォトジャーナリスト)

1945年　画家・奥村土牛の四男として生まれる
1968年　日本大学芸術学部卒業後渡仏　報道カメラマンとして活躍
1975年　オリンパス光学工業株式会社(現オリンパス)入社
1977年　同社広報担当
1987年　同社退職　「オフィスオクムラ」設立
・著書:『心の詩』(写真集)『相続税が払えない』(文藝春秋ネスコ)　他

# 「人脈」の広げかた

広報担当者にとって何よりも必要なものは「学び」だと思う。広報は実学でも科学でもない。「まなび」は「まねび（＊）」だ。常に情報と心情とをやりとりしながら世論を構成し、仲間（顧客や株主や採用希望者）やファンやブレーンを増やし、その企業の「らしさ」を確立していく。

広報も人、記者も人、そしてその環境を形成するステークホルダーもすべて「人」だ。誰に何を伝え、誰が何を伝え、誰と誰に何が伝わったのか。

SDGs（国連の持続可能な開発のための十七の国際目標）の十七番目の目標は「パートナーシップで目標を達成しよう」である。「世界中の市民、企業、政府、学術界などが自発的なコミットメント・活動を促進することを目指」すとしている。そのために必要なものは、まさに「広報力」でもある。

広報職にあっては人脈を広げ、そのネットワークを確立していくことが何よりも必要だ。個人で立てるアンテナにも限界がある。自分のブレーンが居れば、その人たちから有用なことを聞き出せばいい。

## ice break ⑤

三隅説夫さん（広報駆け込み寺）は、現代は「ノウ・ハウ（know-how）」の時代から「ノウ・フー（know-who）」の時代に移行している、という。自分で何かができなくても、そのことについて、誰に聞けば分かるのかを知っている人が優勢の時代。

広報職であれば今のマスコミ界で誰が（どこが）センターに居るか。実力と影響力のある記者を探り当てるのも広報の仕事のひとつであろう。常に想像力とセンサーを働かせて、そうした人脈にたどり着く必要がある。

ベテラン広報の中には、会合やパーティでは（後に）顔の浮かばないと思う人とは（積極的には）名刺交換はしない、という人もいる。逆にこの人とは絶対につながっておかなければ、という人はその佇まいや人相でわかるのだという。当然、名刺交換後のフォローは怠らない。

山岡礼さん（丹青社）は、どんな人と会っても必ずどこかに学びやヒントは絶対にある、という。誰かに会うこと＝勉強だ。そして可能な限り、足を運び、行き、会い、聞く、を惜しまないのだ。三隅さんも各社の人事情報を入手し、異動や慶弔などがあればすぐに連絡をいれるという。

これはもう恋愛と同じだ。相手に対していかにマメに丁寧にやさしく、愛を持って真剣に応じるか。そういえば、「広報の達人」の皆さんは、全員が人間的魅力に溢れていて、優しく、愛に溢れ、こんな私に対してもマメに対応してくださった。

そうか、あえて人脈を広げようと思わなくてもいいのだ。自分の人間的魅力を磨き続け、真面目にきちんと応答を続けていく中で、人脈やネットワークは自ずと広がっていくのだろう。

※まねびとは、古語で「まねる」「見聞きしたことをそのまま伝える」といった意味。

# 第6章

# 共感を呼び、感情を揺さぶるため常にプレイヤーでいたい

播 真純（〈現職〉東京大学ディベロップメントオフィス／〈元〉京都大学広報課）

取材：2024年6月

転職が多かったのですね。

当時は超が付く就職氷河期でした。私は読んだり書いたりすることが好きで、マスコミ業界を目指しましたが、どの会社も採用枠が少なく、エントリーさえも通らない状況でした。読み書き以外では食にも興味がありましたので、新卒で食品メーカーに就職しました。フードサービス事業部という部門で主に営業のアシスタント的な業務を行いました。そこではメニューの提案や食関連のトレンドをまとめて情報提供するなど、マーケティングに関する全般を担当していました。

二十四歳でベンチャー企業（オーガニック食品・雑貨の通販事業）に転職しました。ベンチャーですので、ひたすら電話営業し、仕入先と販路獲得の新規開拓を続けていました。丁

寧にものづくりを行う農家さんやこだわりの味噌作りの人などにも営業をしました。実際取材にも行き、そうした情報を載せたフリーペーパーを手作りし、配布していました。「スローフード」や「オーガニック」という概念が大衆化するもっと前のことです。

約二年働きましたが、その後サンケイリビング新聞社に転職し、「シティリビング」や「リビング新聞」、講談社から一時業務請負していた情報誌「ＫＡＮＳＡＩ　１週間」等の提案営業を担当しました。フリーペーパーなので、主業務は広告枠を売る営業です。リビング各紙は週刊でしたので広告営業に毎日出かけ、その枠を埋め続ける日々でした。

例えばホテル特集を組んでその中にレストランの広告を戴く企画をしたり、試写会やウェディングの催事を仕掛け、プロモーションとセットで広告を案内したりしていました。クライアントの目的は広告を出すことではなく、それによってモノやサービスが売れなければなりません。そのための仕掛けを提案する企画書をほぼ毎日のように作っていました。

アカデミアの世界に移られたのはどうしてですか。

そうした激務が祟り、この生活には無理があることを悟り約九年で退職しました。そしてプロモーションの分野で独立しようと考え、準備をしていたときに転職サイトで偶然、京都大学の採用募集をみつけ、エントリーしました。

二〇一一（平成二三）年は、京都大学が従来の統一採用試験枠だけでなく、大学初の独自採用方式も開始した年でした。独自採用試験は、大学が独自で行う人物重視の採用試験で、転職サイトには様々な経験を大学の発展に活かしてほしい、といったような謳い文句があり、面白そうだなと思ったのです。メディア側に居たときは自社媒体を売るために必死で営業をしていましたが、メディアを選ぶ側（販促や広報職）で組織の魅力や情報を発信する仕事に興味を持っていました。

アカデミアの世界に入ることも教育業界に入ることも全く想定していませんでしたが、京都も好きでしたし、母校ではないにも関わらず京大も好きでよく遊びに行っていました。あの雰囲気や、自由で雑多でバンカラな気風も私の性向に合っていて、楽しそうだなと思いました。

京都大学の正規職員は事務職員として一律で採用するため専門性で採用をしません。私はこれまでの経歴を活かし、京大の魅力を発信する仕事に就きたい旨をアピールし採用され、運良く本部の広報課に配属されました。その後およそ七年間、異動せず広報一筋の道をたどりました。大学の正規職員は公務員同様、通常二〜三年で異動するのが通例です。今から考えるとそれはかなり珍しいことです。あくまで推測ですが、恐らく大学広報課在籍中に二度のノーベル賞受賞対応をした正規事務職員は日本で唯一ではないかと思っています。

## 大学の広報職でどんなことをしましたか。

一番大変だったのは着任直後でした。一言で言うとその現場はタイムスリップした感じといいますか……かなり古風な前例踏襲の公務員的環境でした。恐らくですが、企業で通常おこなわれている戦略的な攻めの広報業務は当時ほとんどしていませんでした。ホームページの更新、学内広報誌の発行、研究成果の発表などが主な仕事でした。

私はてっきり「改革者募集」で採用されたと認識していたので、様々な変革をする心意気で着任しましたが……プロパーの人達からすると、民間から来た私は自分たちの日常を脅かす存在だったのかもしれません。

それから、じわじわと三年程かけて自分がやりたいように変えていきました。最初に着手した小さな改革はメールマガジンです。当時のメールマガジンは、リンクの羅列が続くだけのものでしたが、それをきちんと読み物として読んでもらえるものにしたいと、「京大の実は!」というコラムを開始しました。当時は「京大」と略することも許されず、なぜ「京大」と略せねばならないかの論理的な理由が必要でした。また文調も「〜である」調でなければいけませんでしたし、柔らかい口語体や「!」といったマークも使用不可でした。

原稿の大半が、公文書として不適切として赤線で突き返される日々でした。それを根気強く、徐々にじわじわと枠を緩めていくようにしました。

また当時はクリエイティブな作業を外注するという文化がほとんどなく、チラシ等の制作物も事務職員が内製していました。職員の人件費を考えると、外注する方がコストも安くクオリティも明らかに高い。そこで、何とか説得して一度外注して、内製との違いを明確に可視化するという方法で、少しずつ外注案件を増やしていきました。地道な成功体験の積み重ねで、少しずつやり方や視点を変えていく。時間はかかりますが、それがここでの正しい変化の導き方だと悟りました。

広報課時代に、独自採用方式の受験を希望している就職活動者向けに登壇する機会があったのですが、そこで「京大の改革は『歯列矯正』の様なものである」と伝えました。短期的に大きな変革をもたらすことは難しいが、じわじわと少しずつ変えていき、ある日気付けば大きく変化していた、という感じで進めていく根気強さが必要だと。前例踏襲を重んじ、変化を厭うという文化は、国立大学のあるあるな事象なのかもしれません。

## 大学の広報職ではどんなことをするのですか。

当時の日々のルーチン業務は、新聞チェック、メールチェック、各種情報の発信、ホームページの管理運営、スペシャルサイトの制作、取材対応、学内外向け広報誌の発行、SNS運用など様々でした。もちろん、会議や委員会運営、予算管理、各種手続き等の一般的な事務業務もあります。私自身は常にプレイヤーで居たかったので、日常業務に加えて新しいことにもチャレンジし続けました。

主要な新聞十数紙を毎日くまなくチェックします。当時は、京大に関することは全部切り抜いてファイル化して、アーカイブしていました。「京都大学」「京大」という文字が無い場合でも、京大の教員や関係者が載っている記事はすべて切り抜きます。ただし、月間の掲載件数のような成果は特に追いません。アーカイブをし、情報を共有するという意味でのクリッピングのみです。

プレスリリースも原則的に本部広報課が主体的に出すものはかなり少なかったと記憶しています。各部局から投げ込みや記者レクチャーの依頼がきて、その対応をすることが主でした。大学のシンボルである時計台内に京都大学記者クラブがあり、そこにマスコミ加盟各社の記者が常駐しています。そこにリリースを投げ込んだり、記者向けにレクチャー付の発表をします。京大の場合、研究成果のリリースなどは毎日のようにローンチされます。京都新聞や地方紙、科学誌等の業界紙などにはよく掲載されました。

## 記者とのコミュニケーションはありましたか。

私は主にウェブを担当していましたので、記者クラブへの資料投げ込みなどだけをしました。他の広報課員も、リリースを投げ込むことに留まることが多かったです。熱心な事務職員が担当配置されると、記者にアプローチをすることもあり、そのときの掲載頻度は少し上がったように思います。記者をはじめとするメディア側の人達と密な関係になることは控える、という不文律もあったのではないかと思います。リークや癒着の危険性を避ける意味もあると思います。

広報業務における京大特有のこともありましたか。

一人の職員が単独の判断で何かを公開するということは基本出来ません。例えば、SNSの投稿をする場合でも決裁が要ります。微細な誤字を修正する場合も、修正前後の関係書類を付け、決裁を回して許可を得ます。画像なども細かくチェックします。常に正しい情報を公開するために、確認作業は徹底的に行います。

各部局に広報担当者が居て、年に一度集まって情報共有をする「広報担当者連絡会」を開催していました。小部局は総務担当等が広報的な業務を兼務し、それでも対応できないようなことは本部の広報課がサポートします。

広報担当と言えども職員は二～三年単位で定期的に異動しますので、マニュアルや過去資料の保存は徹底していました。マニュアルに従えば、新しく配属された人でも記者会見が開催できます。例えばノーベル賞受賞会見もマニュアルとスケジュールに従って粛々と進めていきます。大学では広報課が会見の主体であることはほとんどなく、研究系の会見でしたら研究担当理事が行います。シナリオや想定問答も当事者である部署が作り、広報課はじめ関連部署が事前に綿密な打ち合わせを行った上で臨みます。広報課は主に会見場やリリースの準備、WEBでの公開、発表後の対応などのサポート的なことを担います。原則としてメディアからの問い合わせに対しては広報課が独断で回答しない（できない）ことになっています。
危機管理面に於いても情報系、コンプライアンス系、防災系等それぞれに担当部署が決まっていて、そこを窓口にして対応します。広報系については、前述の広報担当者連絡会で、危機管理対応フローや緊急連絡網の共有を行います。

「改革」は進みましたか。

京大に入って三年目、思うように変革が進まない日々にモチベーションを落としていた頃、広報業務に前向きな上司が配属されてきました。その直後、二〇一四年月一〇月に山極壽一《やまぎわじゅいち》総長が就任され、私と上司は「ここを逃してならない！」と、このタイミングで一気に新しい「攻めの広報」への取り組みを開始しました。総長スペシャルサイト「総長、本音を語る」や「探検！京都大学」をはじめとする様々な新しいコンテンツを開始したのです。その多くは、鬱屈していた三年の間に、「いつか変革の好機が訪れた時のために……」と自身で作り溜めていた構想でした。

山極総長は、広報のプライオリティをとても理解してくださっていました。併せて日本の教育に対する危機感や、優秀な学生が海外に流出することなどへの問題意識を強くお持ちで、もっと京大生らしい、突き抜けた、野性的な学生に来てほしいという思いが強くありました。そこで、山極総長の「『おもろい』ことをどんどん仕掛ける大学へ」というメッセージを実現するため、京都大学創立以来初となる「主体的に仕掛けるブランド戦略」をスタートしたことを、大学としてオフィシャルに宣言し、様々な広報戦略を実行していったのです。

事程左様に、奇跡的に最初から広報課に配属になったこと、前向きな上司に変わったこと、山極総長が就任されたこと、という三つの幸運の連続がなければ七年間という私の広報課時代はなかったと思います。

## うまくいったことは何ですか。

山極総長時代につくったスペシャルコンテンツは今でも賞賛されることがあります。当時は他の大学広報の間でも「京大の広報が変わった!」と話題になっていたと聞きました。山極さんが、人々が抱く京都大学の「自由の学風」のイメージに近しい人だったということが大きいですね。語弊はありますが、山極さんを大いに活用して、その野性的なイメージを京大のブランディングとしてＰＲしました。京大の広報はそれまで活発に攻めの広報活動をしていませんでしたので、何をしても新しかったですし、反響もとても大きかったです。

その後、大学側としてもキャリアアップに異動は必要であるという考えもあり、私も京大の広報でやらねばならないことはほぼやり切った感もあったので、異動を申告しました。

そして「ｉＰＳ細胞研究所（ＣｉＲＡ）」の総務として二年、「桂キャンパス」の庶務として一年半働きました。

あのｉＰＳ研ですか。

そうです。私は総務職となったので、会議や委員会の運営、各種手続き、教員評価等人事系のことなど、様々な事務全般を担当しました。ＣｉＲＡには国際広報室があり、専門職の人が国内外の広報対応をはじめとするコミュニケーションをしています。

山中伸弥先生は、広報・コミュニケーションというものをきちんと理解されている先生でした。例えば、当時研究所で発生した論文不正問題の記者会見時も実に真摯な対応で、メディアや社会に向けて、心からの謝罪と適切な発信をされていたことを今でも鮮明に覚えています。不正会見ですので、研究所としてはネガティブな場であるにも関わらず、会見後には、

「山中先生は辞めないで」「これからもがんばってほしい」といった一般の声が多く上がりましたし、実際、会見後には寄付金額も増えました。ご本人はそんなに意識をされていないのかもしれませんが、ピンチをチャンスにするコミュニケーションの能力に長けている先生だと思います。

研究者の多くは、セルフプロデュースのできる広報に長けた先生とそれが苦手な先生に二分できると思いますが、山中先生は確実に前者でした。

**その後東大に移られます。**

ＣｉＲＡと桂キャンパスでの三年半の総務系業務に、やはり私は事務職には不向きだと再認識するとともに、どうしても広報職への想いが忘れられませんでした。広報課時代には困難や苦しみもたくさんありましたが、それでも広報は私の天職だったと思っています。年齢的にもまだパフォーマンスを発揮できるぎりぎりのタイミングだと思い、本当に自分が好きだと思える仕事にシフトしたいと考え、京大を「卒業」しました。

家庭の都合で東京に転居することとなったのを機に転職活動を始めましたが、やはりアカデミアの世界、広報職への未練があり、転職サイトでたまたま東京大学の採用募集をみつけました。それは広報職ではなく寄付調達をする「ファンドレイザー」での募集でしたが、寄付を調達するためにも広報的な活動はマストであろうと考え、自分にも可能性があるように思いました。そこで自分の経験値やキャリアが活かせるのではないかと思い、募集し、採用されました。京大の本部広報職から、東大のファンドレイザーという経歴はかなり稀有ですねと周囲からよく言われます（笑）。

## 東大に移られてどうなりましたか。

ファンドレイザー職で入職しましたので、行っていることは寄付者とのコミュニケーション戦略の立案と実行です。寄付の必要性の発信やステークホルダーとのコミュニケーション活動等、主には寄付者へ謝意を伝えたり、活動報告などの発信、東大基金の認知度を高めるための発信をしたりしています。現在、東大には三十人以上のファンドレイザーが在籍していますが、国内の大学でこの規模のファンドレイザーを抱えるのは東大だけです。ファンドレイザー職は、日本では未だ認知度が低いですが、海外の大学では数兆円規模で寄付を集めるスター職種なのです。

広報時代とよく似た業務も行っていますが、あくまでも寄付を集めることが目的で、広報課とはその目的が違います。むしろ、ここでは広報の素質に加え、IR、プロモーション、営業、サイエンスコミュニケーター等、多方面の要素が要ります。広報・コミュニケーション活動によって多額の寄付を集めるという意味では、ある意味、非常にテクニカルなレベルの高い広報という側面があるように感じています。

謝意の伝え方でも新規、リピーター、大口、遺贈等、アプローチの仕方はそれぞれ違いますし、情報発信だけではなく、人々の共感・共鳴を呼び、感情を揺さぶり、東大への寄付という行為に繋げる必要があります。私が属するコミュニケーションユニットは、現在の組織内に今年の四月にできたばかりなので、まだＫＰＩ等は出来上がっていませんが、今後具体的に設定していく予定です。

**具体的にはどのような活動内容ですか。**

東大基金には、大きく分けて二つの寄付の仕方があります。使途を東大に一任する基金「ＵＴｏｋｙｏ　ＮＥＸＴ１５０」と、特定のプロジェクトを指定して支援する寄付プロジェクトです。現在、東大基金には百を超える寄付プロジェクトが設置されています。また、ここ最近では、特に大学独自基金を運用して活用する「エンダウメント型」の財務経営を目指して、その整備を進めています。国立大学への国からの運営費交付金は削減の一途を辿っており、今後も減ることが確実視されています。寄付を募ることは、東大に限らず、国内の大学全体においてもこれから非常に大切な活動になってくると思います。

しかし、残念ながら……東大は他校に比べて卒業生が寄付しないことで有名です。卒業生からの寄付集めには苦戦しています。経営の多くの部分を寄付金に頼らなければならない私立大学は、卒業生から寄付を頂く仕組みがきちんとできていますが、東大はその点の整備が遅れていることも要因の一つのようです。

**東大の広報、コミュニケーション面で課題はありますか。**

京大の広報課時代、東大の本部広報課をお伺いし、そのノウハウなどを伝授して頂く機会を得たことがあります。京大は山極総長に変わり、やっと新しいことを始めようとしていましたが、当時、東大の広報は大学広報の中でも最も進んでいると思ったからです。その後、数年の間に京大の広報は大きく変化しましたが、東大は今も比較的「守りの広報」がメインであるように思います。規模が大きいために、どうしてもマスト的に発信せねばならない案件も多いので、それだけで手一杯なこともあるのでしょう。

しかし、東京大学は二〇二七年に一五〇周年を迎えるという大きな節目を控えています。そのため、本部広報課でも一五〇周年に向けて主体的な発信が増えてきています。東大基金でも、一五〇周年に向けて「ＵＴｏｋｙｏ　ＮＥＸＴ１５０」をはじめとする一五〇周年記念募金の獲得を強化しています。そのような意味からもファンドレイジングするための広報・

コミュニケーション活動は学内でも重要視されてきています。本部広報課はじめ多くの学内関係先と連携をとりながらどんどん発信を強化していきたいと考えています。

京大と東大、似ている部分はありますか。

同じ旧帝大ということで、発信上のお作法は似た部分が多いです。承認経路が複雑で決定まで時間がかかる点なども似ています。前述のとおり、京大時代は全ての発信に決裁が必要でしたが、現在所属するディベロップメントオフィスは東大の中でも非常に機動的な場所です。決裁を必要とする業務は最低限で、ファンドレイザーが個々あるいはユニット内でスピーディーに判断、実行しています。精力的に寄付を集めるために機動的な部隊を作っている点はとても先進的で驚いた部分です。

広報を志して出会ったものとは。

自分でもここまでアカデミアの沼にどっぷりはまるとは思っていませんでした。京大に居ると、この人達が世界を変えている、変えるかもしれないという実感が常に身近で蠢いていました。そういう人達との出会いが楽し過ぎて、現在に至っています。そういう人達は往々にしてコミュニケーションが苦手だったり、主体的な発信が苦手な人も多く、そういう人の代弁者になって「この人達はこんなにすごい！」「この研究はこんなに意義がある！」ということを世の中に発信することにやりがいを感じていました。好きなことをとことん極め、突き抜け、世界を変えてしまうような人が大勢います。そのような人たちとの出会いで広報職にはまっていきました。

## そんなに凄い人達なんですか。

研究と一言で言っても、山中伸弥先生のような認知度の高い研究分野ばかりではありません。ひたすらベニクラゲの研究や石の研究に取り憑かれている人もいます。そういった基礎研究は、今すぐに役立つものではありませんが、それを解明することで大きなイノベーションにつながる可能性があります。そういうことに命を懸けている人達が私には魅力的過ぎるのです。アカデミアの世界は、そんな先生や学生と話したいと思えばどんどん出会っていける環境です。

しかし、東大でさえも、そんな先生方が研究資金不足で困っています。そこで私たちファンドレイザーが、「この先生、こんなに凄いことをしているんです」「これを続けていくためにはこれだけの資金が必要です」と訴求し、支援を募ります。その作業は広報活動にも似ています。

## 広報活動で大切なことは。

やはり「好き」でないと駄目だと思います。そうでなければ広報はただただ苦しい仕事です。私は京都大学が好きで好きで堪りませんでした。今は東大に居ますので、京大のことを「元カレ」と呼んでいますが、周囲にも「元カレへの未練がすごいですね」と言われます（笑）。本当に好きだったからこそ、戦いの日々でも「絶対にこれが必要だ」という信念でやっていました。「愛」があれば乗り越えられます。好きだからこそ、「京大らしさ」をとことん理解し、その魅力を具体的に暑苦しく語ることが出来ます。それらを熟知するためにも好きでなければそこまでのめり込めませんから。

ですので、今はもっぱら「今カレ」をもっと好きになるために、鋭意魅力発掘中です。

## 広報を目指す人に。

「好き」にさえなれば、これほど楽しい仕事はありません。全世界に発信したいと思う魅力的な人やモノに出会えたら幸せですね。東大の現所属部署にも四月に新人が二名入職しましたが、彼らにもとにかく好きになることが大事なので、学内をパトロールし、面白いモノ・人・コトに出会ってきてください、とお願いしています。ホームページを見ているだけでは絶対にわからないことが現場にはあります。キャンパスをパトロールし、リアルな体感をすることで発信したいものと出会えるはずです。また、共感を呼び、感情を揺さぶるためにも、既成の言葉ではなく、自分の言葉で具体的に語れるようになるために己の五感で感じてほしいのです。

## やはり広報は播さんの天職ですね。

魅力や意義を代弁した先生方の研究が陽の目を見始めたときや、その人達の存在を分かりやすく社会に知らしめることができたときに手ごたえを感じます。私は、真っすぐで、でもその分コミュニケーションが多少苦手な人たちのハートに火をつけるのが好きですし、得意なのだと思います。ハートに火をつけて、様々な要素を引き出し、大切にしている宝物をかたちにして発信する。この一連の仕事が面白いし大好きです。管理職になると広報の醍醐味がなくなるので、京都大学では、役職がついてからもなお常にプレイヤーで居たいと（気持ちだけは）思っていました。

今のファンドレイザーとしての広報活動を「寄付広報」という新たな概念としたいと思っ

ています。

現状では「寄付広報」という概念は存在しませんが、東大でファンドレイジングするための広報・コミュニケーション、つまり「寄付広報」をより具体的に実践している実感があります。広報は実に奥深い仕事だと思います。

**播 真純**
（（現職）国立大学法人東京大学ディベロップメントオフィスコミュニケーションユニット／（元）国立大学法人京都大学広報課）


<略歴>
2001年　筑波大学卒業後、プリマハム株式会社、自然派商品の通販サイト運営会社、サンケイリビング新聞社等で主に営業職に従事。
2012年　国立大学法人京都大学に入職し、本部広報課に配属。2022年に退職。
2023年　国立大学法人東京大学にファンドレイザーとして入職。現在はコミュニケーションユニットにおいて、主に寄付調達における広報・コミュニケーション業務に従事。

対談

# 「広報」ほど素敵な商売はない!?

三上 紅美子
（株式会社ピーナッツ・クラブ／ライソン株式会社 広報）

×

吉川公二
（合同会社アーベント代表）

新聞記者から広報ウーマンへと華麗な転身を遂げた三上紅美子さんに、そのきっかけと印象に残ったできごとをお聞きしました。

広報職を目指す人、広報業務に携わっておられる人だけでなく、コミュニケーションや人との関りを大切にしたいと考えておられる方にはお読みいただきたい対談です。

特に情報の受信側にも発信側にも共通して必要な能力に関する三上さんのお考えは大いに参考になります。また、まったく違う業界ではありますが、広報（＝コミュニケーション）という共通の場所に転身（転職）されていく三上さんの迷いのない選択眼も参考になります。

（取材：2020年7月）

## 新聞と土器・石器とともに過ごした子供時代

**吉川** 「聞く」ことって難しいですね。どちらかというと広報職は聞く仕事でもあるんですが、改めて聞くことの難しさを感じるんです。三上さんは新聞記者から企業広報という経歴をお持ちですが、聞くこと（聴くこと）についてどんな印象をお持ちですか。

**三上** 記者時代はインタビュー取材を原稿にすることに大変苦労していました。ある程度事前に（記事としての）「落としどころ」のようなものを想定して取材に臨んでいました。でも、当たり前ですが、インタビューが想定通りにいかないことも多かったんですよ。逆に自分の想定外の面白い話が聞けたら、事前のプロットは捨てるくらいでした。

**吉川** 青森出身で新聞記者だったんですよね。

**三上** そう、青森の東奥日報社です。私はもともと新聞記者になりたかったんです。当時の青森には自分にとっては新しい刺激が少なくて、子供のときからテレビと新聞はよく見ていました。

**吉川** テレビは分かるんですが、新聞を読む子供だったんですか。

**三上** はい、読めない漢字をすっ飛ばしてバシバシ読んでました。高校生のとき、東奥日報に共同通信の辺見庸さんの連載「もの食う人びと」が載りまして、この文章がほんとにすごかったんです。毎日切り抜いて読み耽っていました。

**吉川** なかなか渋い高校生だ。

**三上** 小中高校では新聞部員で広報委員会にも入っていました。祖父が教師で、郷土史や考古学をやっていた人でした。家の中に土器や石器がたくさん転がってました。

**吉川** 土器や石器。すごい家やな。

**三上** そんな古いものを見ていると、文献記録のない時代のものに興味が湧いてくるんです。歴史（書）に載っているものは、王朝（勝者）の歴史などしか残っていません。もっと古い時代のものには、ある意味そうした「文献のある時代」のものを超えた価値があるように感じました。そうしたものの分析とフィールドワークに惹かれ、大学（東北大学）では考古学を学びました。

**吉川** そうきましたか。

**三上** 当時青森で「三内丸山遺跡」という大きな発見があったんです。縄文時代から既に集落を作っていたということは画期的な発見で、私の興味も一気にそっちへ傾きました。

**吉川** 大学で縄文・弥生という考古学の世界に行った人が、なぜまた新聞社に入ったんですか。

**三上** 大学のある仙台を歩いていて、その山並みを見るだけで縄文や弥生時代のことを具体的に想像する癖がついている自分に気が付くのです。そのようなことも大切かもしれないが、今の時代や先のことを知ることも大切だと思い直し、子供時分から好きだった「新聞」に改めて興味が戻ったんです。

**吉川** 仙台の山並みで縄文までいきますか。

## 青森に帰り新聞記者になる

**三上** 一九九八年、青森に戻り東奥日報社に入社して、結局九年間在籍しました。新聞社では編集局や整理部なども経験したんですよ。

**吉川** 私たち企業の広報でも整理部とはあまり接点がありませんね。

**三上** でも、今の私を作ったのはこのときの整理部での体験なのかもしれません。入社前には政経部（記者）で内定したと聞いていたのですが、ちょうど女性職員のご出産などが重なったためか、初年度から整理部に配属されたんです。その後文化部に異動となりました。

**吉川** 当時の東北地方の新聞社はどんな感じでしたか。

**三上** 文化部だったのでさまざまなことを扱いましたよ。青森県全県をカバーしてますので、かなり広い。青森県の中だけでも広いので地域によって気候も文化も違うんです。支社ではなく本社の文化部なので、場所によっては車の移動で片道三時間半かけて行くなどの取材ですよ。

**吉川** まさにジャーニー。新聞社内の電子化も進みましたか。

**三上** 「ウィンドウズ95」から三年目の入社で、新聞社内にもまだパソコン派が少なく、ワープロを使っているおじさんたちも多かったですね。

**吉川** 現場からの記事の送稿などはどんな具合でしたか。

**三上** 当時は専用の電話回線のようなものがあり、それで原稿を送っていました。

**吉川** 映画「クライマーズ・ハイ」では、新聞記者役の堺雅人が航空機墜落現場近くの民家から電話で送稿するシーンが印象的でした。あの事故は一九八五年ですが、三上さんはもっとあとですね。

**三上** はい。一九九八年の入社です。文科系の高校総体のような大会(全国高等学校総合文化祭)があって、全国各地にも取材に行って記事を書いてました。

吉川　新聞社ではやっぱり政治部や社会部が花形なんですか。

三上　そうかもしれませんね。でも、私も記者として日本を代表する漫画家、女優、料理研究家の方々などをたくさん取材したんですよ。その一方で市井の人の声が聞きたいと思う欲求が強まってきました。

吉川　それはまた贅沢な。

三上　青森へのUターン組の若い人たちがチャレンジショップを開いたり、アート活動をはじめたりしていたことを追って、そういう人の連載を担当しました。連載の企画書を書いたときは二・三か月で終わろうと思っていたのですが、連載が始まってから「こんな人もいるよ」と、面白い人をたくさん紹介していただいて、結局一年以上続く連載となったんです。

吉川　当時の三上記者は、企業の広報をどのように見てたんですか。

三上　私はなかなか嫌な記者だったと思いますよ。新聞社入社直後に、記事は会社のＰＲや広告ではないから、とガツンと言われました。真面目な私は、提灯記事は絶対に書かないと決めていました。

**吉川** そこまで真面目だったとは。

**三上** 企業は自社のモノやサービスを売り込みますが、そこに背景や社会性につながる意味がないと記事にはなりませんね。

**吉川** 私もリリースを書く際には気をつけていたことですが、一番難しい部分でもありますね。

**三上** 当時の青森には「広報」をきちんと意識している会社などはありませんでした。

**吉川** 広報には正解と終わりがない、というのが私の持論です。青森ではどのような会社を取材されましたか。

**三上** やはり一次産業が多いですね。今は三次産業なども増えていると思います。私は一次産業の生産者や中小企業の方々から話を聞くのが好きでした。

**吉川**　そうなると取材相手は広報担当者ではありませんね。

**三上**　社長や現場の人ですね。広報（部門）がありませんので、そのような方々に直接取材していました。

**吉川**　記者時代に何か失敗はありましたか。

**三上**　失敗だらけですよ。インタビューした取材記事でニュアンスを正しく伝えられず、クレームを受けたこともあります。

**吉川**　真面目な三上さんが叱られてたんですか。

**三上**　自分のミスもひどかったのですが、編集のデスクや局長が記事を直してニュアンスが変わってしまうことがあります。「新聞社あるあるある」ですね。

吉川　デスクの権力はやはり強いですね。

三上　基本的には良い話を聞いてくるんです。厳しい記事のつもりはなかったのに、取材対象に対してさまざまな側面に光を当てるのが（報道機関である）新聞の役割でもあるんですね。

吉川　青森で新しい発見はありましたか。

三上　大間の町おこしをされている「島 康子さん」という方がすごいと思いました。Uターンで帰ってこられて、「大間のマグロ」を全国的に有名にした人です。NHK朝の連続ドラマ「私の青空」（二〇〇〇年）で大間が舞台になったことも奏功しました。

吉川　大間のマグロは、いまや有名ブランドですね。

三上　（青森のような）田舎には何もない、という印象がありますが、マグロは宝物でした。漁から帰ってくる漁船をみんなで大漁旗を振って出迎えるなど、ユニークな企画が話題になりました。大間出身でアテネ五輪（二〇〇四年）銀メダリストの泉 浩選手（柔道）が大間のマグロTシャツを着ていて、さらに話題となったんです。

**吉川** ブランドになっていくセオリーもそのストーリーによってさまざまですね。

**三上** 町や地域をどのようにPRするのか。青森ではお米なども本当に良いものができるのですが、必ずしもPRや宣伝がうまくいってなかったですね。

**吉川** 青森といえば八甲田山が有名ですね。新田次郎の本を読みました。あれは真夏に読むと涼がとれる。

**三上** 青森には暗いイメージとかが多いですね。八甲田山、寺山修司、太宰治……。

**吉川** イエスキリストの墓もある。

**三上** そうそう。恐山もありますしね。義経は平泉から脱し、北海道から大陸に渡って成吉思汗《ジンギスカン》になったという伝説も青森にはあります。

吉川　高木彬光《あきみつ》の『成吉思汗の秘密』を読みました。

三上　その他、青森には怪しい話や暗い話のオンパレードですよ。

吉川　青森ならではの気候風土から独自の文化も生まれたんでしょうね。三上記者はその後どうなりましたか。

三上　そのうち大きな街で仕事がしたい、という願望が首をもたげてきました。私が入社した一九九八年は就職氷河期で、当時は多様な選択ができなかったという事情もあります。

吉川　新聞社だけを受けていたわけではなかったのですね。

三上　氷河期なので、そもそも女子学生の採用がほぼ無かった時代でした。九年経って少し事情も変わり、結婚を機に東奥日報を辞め神戸にやってきたのです。

## 広報担当として神戸で活躍

吉川　そこからいよいよ記者から広報ウーマンに転身ですね。

三上　二〇〇七年に「神戸メリケンパークオリエンタルホテル」に入社しました。マーケティング部に所属し、ウェブの制作・更新などを担当しました。メールマガジンもイベント企画も担当しました。

吉川　ホテルの広報にはどんな目的がありましたか。

三上　お客さまを増やす、リピートしていただく、などでしょうか。

吉川　ホテルには宿泊の他に宴会もありますね。

三上　宿泊、宴会、料飲、婚礼。それぞれに課題もターゲットも違っていました。

吉川　灯台のあるホテルで有名ですね。ホテル自体も港の突堤にあり、カマボコ型のユニークなデザインです。

**三上** 公式ホテルに建つ灯台としては世界的にみても稀なものです。日本最古級のホテルとして知られる旧オリエンタルホテルが、港町神戸のシンボルとして灯台を作ったようです。元あった灯台と同じ場所ではありませんが、平成七年からホテルの灯台として復活させています。

**吉川** シンボルやモニュメントはＰＲネタとして強いですね。

**三上** ウェブサイトをリニューアルしたとき、「当たり前のこと」を伝えようとしました。ホテルにある灯台も本当に珍しいものなんです。関係者やスタッフには当たり前のことでも、それが特長だったり、他所にはないものだったのです。

**吉川** 神戸は夜景をはじめとする景観でも有名ですね。

**三上** そうです。はじめは西側（モザイク側）の客室からの景色しか謳ってませんでした。北側からは神戸を象徴するポートタワーが目の前に見えるのに「観覧車が見えない」

という クレームがきます。南側からは神戸港が見えるし、東からは地平線からの朝日が射し、大阪までが見渡せます。全方位でそれぞれの景観が楽しめることをきちんとお伝えするようにしました。

**吉川** ホテルの広報・PRでどんなことがうまくいきましたか。

**三上** 二十周年(二〇一五年)の企画で、(大型)客船が入船したときにお客さまと一緒に国際信号旗(船舶間通信用の世界共通旗)を振って見送ったり出迎えたりする企画が話題になりました。

**吉川** その旗の話は船好きの青山大介さん(鳥瞰図《ちょうかんず》絵師)からもお聞きしました。ジブリの映画「コクリコ坂から」にも登場しますね。

**三上** 私も自分の旗を持ってるんですよ。

**吉川** えっ、すごいです。

三上　その企画は日経新聞にも大きく取り上げていただきました。テレビ局の取材もありましたね。

吉川　広報の仕事の中に記者だった経験は活きましたか。

三上　リリースを受け取る側にいましたので、そのニュースがどのようにすれば記者の目に留まるのかを意識していました。

吉川　どんなリリースが目に留まるのでしょうね。

三上　きちんと社会的な背景と意味がある内容かどうか、でしょうか。あと、私はリリースの見出しにこだわっています。

吉川　広報の駆け出し時代にリリースの見出しは九字～十一字で、と教わった覚えがあります。新聞の見出し（の字数）に合わせる必要がある、と。

三上　私も新聞社の記者・整理部時代に九字か十字で見出しをつける訓練をしました。（『用

字用語ブック』には、見出しは十字以内とある）

**吉川**　最近、リリースの見出しは長くなりましたね。

**三上**　長くなりました。でも、ヤフーニュースのトップの見出しでも長くて十五字とかですね。やはり短く詰めておく訓練は絶対必要だと思います。

**吉川**　なかなか体育会系ですね。私はサブタイトルを付けて凌いでました。

**三上**　見出しで言い切る必要はないのかもしれませんね。「振り向かせる」のがタイトルの目的ですから。うまいなと思うリリースには小見出し、中見出しが効果的に使われていたり、ポイントを箇条書きしたりでうまくまとめられています。

**吉川**　よくわかります。わかりますが、それがなかなか難しいんですね。

**三上**　そうですね。必ずしも良いリリースが載るとは限りませんし、さらっと書いたものがすごく載ることもあります。

吉川　まさに「水もの」ですね。発信する曜日などは決めておられましたか。

三上　ウェブが主流の今はあまり関係がないのかもしれませんが、週末（金曜日の夕方以降・土曜・日曜）には発信していませんでした。

吉川　私が教わったときは、（発信は）週末が良いという説もありました。月曜日は他社のリリースが少ないから良い、とか。

三上　最近はあまり関係ないのかもしれませんね。

吉川　発信時間で言うと、上場直後は午後三時（以降）に発信していました。そうなると（翌日の）朝刊でいうとぎりぎりのタイミングですね。

三上　記者側から言うと、その日（夕刊など）に載せたいのであれば午前中に情報が要りますね。翌日朝刊（に載せたい場合）でも午後二時くらいまでには欲しいところです。

吉川　夕刊最終版の（編集）直後までには翌日朝刊用の情報が欲しいわけですね。

三上　そうした記者経験がありますので、リリース発信時間も考えておこなっていました。

吉川　特にホテル・サービス業として気をつけておられていたことはありますか。

三上　取材を受けるときの下準備を徹底的にやってました。質問の概要を聞いて想定問答をつくるとか、台本までもらっておくとか。取材の趣旨などをまとめ、事前にトップに伝えていました。

吉川　ホテルには何年おられたのですか。

三上　八年半居ました。その後「ランドマーク」に憧れて大阪・吹田の観覧車運営会社に転職しました。

吉川　ホテルでの仕事はやり切ったのですか。

三上　二十周年事業などで「やり切った感」があったのは事実です。

吉川　それにしてもなぜ観覧車の会社へ。

三上　シンボリックなものが大好きで「日本一の（高さの）観覧車」に大変興味がわきました。自ら仕事を創るベンチャー気質の会社の存在にも燃えてきました。

吉川　燃えましたか。

三上　ウェブサイトやリーフレットなども全部やらせてほしいと言いましたよ。そして本当にゼロから全部やらせてもらったんです。

吉川　「全部」ってどんなことですか。

三上　広報の仕事ではないこともしました。リリースやウェブに加えてイベントなども受け持ったんです。（高さが高いだけの）観覧車がひとつしかないので、常に情報発信が必要でした。

吉川　どんなイベントをやったんですか。

**三上** 日本一の（高さの）観覧車から「うちのお父さん、日本一！」と叫んでもらう父の日に関するものや、特別仕様のＶＩＰゴンドラに乗り、美しく光るグラスでシャンパンを楽しむ企画などです。

**吉川** なかなかやりますね。大変なこともありましたか。

**三上** 私が居る間に事故はありませんでしたが、非常時のマニュアルは作っていました。運営の非常時のマニュアルに沿って、広報はどう動くかを火災、停電、（自然）災害時などを想定して作りました。観覧車は風速十五メートルで停止する設計で、事前にお客さまにもお伝えするようにもしました。雷でも止まります。

**吉川** 風や雷は予測できるんですか。

**三上** 雷の場合、音が聞こえたらストップです。ゴンドラの中は大丈夫なのですが、観覧車自体が避雷針のようなものなのです。

吉川　マニュアルは役立ちましたか。

三上　それまではある程度現場の裁量で決められていましたが、それをルール化しました。雷の場合、台風（風）の場合、大雨の場合、などと。

吉川　気象状況は刻々と変わるものでしょう。

三上　ヤフー「雨雲レーダー」の精度と確度が高く、よく見ていました。雲の動きを見ながら先の状況を予測します。雨の場合、五十ミリで運休となりますので、三十ミリの（雨の）帯が近づいてきたら注意します。雷も分かります。私の運営側（副館長）としての立場もありました。

吉川　時代は進んでますね。失敗などもありましたか。

三上　とある完成前のプログラムを「国内初！」としてリリースしたことがあります。しかし、制作進行を見ると本当に完成するかあやしくて、完成の目途が立ってからリリースした方が良いと私は主張しました。けれども、国内初だと他社より先に言いたいから、会社命令としてリリースを出せと言われて。じゃあ、リリースに書かれたローンチ（公開）日までに完成するんですね、とリリースを出しました。結局、その企画は実現しなかったうえに、他社に「国内初」を出されてしまいました。

## 観覧車の会社からおもしろ家電メーカーへ

**吉川** 観覧車の会社は三年半ほどで、今の会社に移られました。

**三上** 今年（二〇二〇年）の八月に転職しました。「ライソン株式会社」という、東大阪発のバラエティ家電ブームの立役者の会社です。

**吉川** 一旦決めたら動くのは速いですね。

**三上** 新聞記者の経験があるので、情報をまとめたり文章化するスキルがあるのだろう、と思っていただけるようです。

**吉川** 文章が書けるというスキルが重宝されるんですね。

**三上** 広報職は、話すことも大切ですが、文章が書けるという能力の方が奥が深く、難しいのかもしれません。文章が必要となるシーンも多く存在します。プレスリリースでも「過不足なく」書く、ということが大切です。

**吉川** 目玉になることがきちんとリリースに書いていないと困りますね。広報サイドからみた今の（新聞）記者はいかがですか。

**三上** 最近の記者さんは皆さんすごいです。若くても気迫を感じる記者さんですと、がんばってほしいなと思います。もっと勉強や研究をしてから来てほしいという場合もありますが、最近は皆さんよく（事前に）勉強されてから来られますね。

**吉川** 記者にもいくつかのタイプがありますね。

**三上** 私の記者時代にも、スクープをよくとる記者がいました。スクープ合戦に加わる記者と加わらない記者のタイプがあるんです。スクープのためには手段を選ばない人もいましたが、私は好きではありません。地道に取材し、町の人々とたくさん話して注目の記事を書き続ける人を尊敬します。記者にはやはり細やかでフットワークよく粘り強い人が向いています。

吉川　記者に限りませんが、一所懸命な人は見捨てられません。

三上　そう、こちらも一所懸命になります。

吉川　記者と広報担当者との共通点はありますか。

三上　文章力と編集力が必要である点は共通しています。

吉川　やはり「聞く力」も大きいですね。

三上　もちろん聞く力もどちらにも必要ですね。また、発信したい、伝えたいと強く思う情熱が記者にも広報職にも必要だと思います。

吉川　これから広報を志す人には、どんなことを伝えたいですか。

**三上**　広報が扱う情報をコミュニケーションしたり社内調整したりすることは大変なのですが、自分が伝えたことがメディアに取り上げられ、そして社会に届くということは、会社にとっても自分にとっても豊かな瞬間だと思います。

**吉川**　責任も重大であるが、やりがいも大きい、と。

**三上**　広報（職）には、身に付けないといけないものはたくさんあります。そしてそれには時間もかかるのですが、その行きつく先にハピネスがあります。

**吉川**　「ハピネス」がありますか。でも広報には正解と終わりがない。

**三上**　一緒にがんばりましょう。

## 広報の心はLOVE

**吉川**　三上さんの考える「広報の心」とはどういうものですか。技術的なことやマナー的なことではなく、その精神というか。

**三上** 吉川さんはどうお考えですか。

**吉川** そうきましたか。広報職は私自身に大変フィットした職種でした。自分の中でのインプットとアウトプットをすべて広報視点で考えると退屈しません。「これは要らない」、「これはもっと欲しい」、「これだけは伝えたい」と。三上さんの言う「編集力」が、広報視点で磨かれます。広報という仕事は、聞く、話す、書く、伝えることを通じて明らかに自分の人間力を上げてくれました。あまつさえ、さまざまな人と人とをつなげてくれて、常にアップデートの日々でした。あるとき、自分＝広報という瞬間がありました。そして今は広報を実践する人を応援したいですし、広報を実践する人の輪を広げたいです。ただし、いまだに「これや!」という境地にはいたっていません。広報には正解と終わりがありません。私自身にも正解と終わりはありません。さらなるアップデートの日々を目指します。

**三上** 響きました。私も道半ばです。ライフ・イズ・ジャーニー、そしてライフ・イズ・マラソンです。広報を志す人はたくさんおられますが、私はもともと広報を志したわけではないのです。就職した東奥日報社に育てられたと思います。そしてその延長に広報がありました。広報という切り口を通じてさまざまな挑戦をしてきました。マーケティング、施設運営、アルバイトの教育、安全マニュアル策定など。それらのすべてが結局「広報」に帰ってくるのです。そしてまた「広報」というものが私自身にもたいへん向いてました。そして私の考える「広報の心」は、「LOVE・ラブ」です。

**吉川** 広告活動はBuy Me（買ってください）で、広報活動はLove Me（好きになってください）だということを聞いたことがあります。

**三上** そうですね。「ラブミー」であり、自分からも「ラブユー」のつもりで取り組まなければなりません。（自社の）商品や人やものごとに対して自分自身が「ラブユー」していないと、他の人に「ラブミー」は言えません。

**吉川** やはりそれだけのパッションというか、情熱も要りますね。これからも「広報」を一緒にがんばりましょう。ありがとうございました。

**三上 紅美子**

(株式会社ピーナッツ・クラブ/ライソン株式会社 広報)

1975年生まれ。東北大学文学部卒業。

1998年　株式会社東奥日報社に入社し、ゴリゴリの新聞制作の現場に携わる。その後、広報に転身。

2007年　神戸メリケンパークオリエンタルホテルのマーケティング・広報を担当。

2016年　EXPOCITYの高さ日本一の大観覧車OSAKA WHEELの開業に伴い広報として参画。

2020年　ライソン株式会社の広報を担当となる。多数のメディア露出を獲得しながら「地方の企業にこそ広報を!」という思いに至る。

2024年　ライソンのグループ会社である株式会社ピーナッツ・クラブの所属となり、2つの会社の広報担当に。広報の楽しさを体現し、広める広報パーソンを目指している。

# あとがき

本書は二〇二〇年末に自費出版した書籍『施《おます》ば報《たもる》』の内容を一部更新したものです。「施ば報」は、施しをすれば（必ず）報われるという、徳島県東祖谷山《いややま》に伝わる言葉です。

同年八月に六十歳の定年を迎えるにあたり、株式会社フェリシモの「長期特別休暇制度」を使い、私が考える「カリスマ広報師（広報の達人）」に会いに行きました。九月以降は契約社員となり、同制度は使えなくなります。現役最後のキャリアブレイクを自著を出版するための取材や依頼に使いました。長年にわたり多くの学習機会や挑戦機会をいただけましたフェリシモの矢崎和彦社長にこの場をお借りして御礼申し上げます。

コロナ禍のピーク時ではありましたが、皆さまが取材や寄稿の依頼にご快諾をいただきました。今般の改訂にあたり、東京大学の播真純さん、ロック・フィールドの天野勝さんに新たに取材をさせていただきました。

定年時には社長室長となりましたが、広報部にも兼任者として関わらせていただきました。一九八六年に広報と邂逅《かいこう》し、会社に広報機能を導入して以来、長年同社（ハイセンス→フェリシモ）の広報に関わらせていただくことができました。大変に有意義で多くの貴重な経験と学びと喜びの日々でした。

特に上場（二〇〇六年）後には個人情報の漏洩問題や、公取からの排除命令を受けた違反などが起こり広報対応に苦慮しました。また、風評被害や不可抗力的な炎上事例、事件・事故時の対応時にも奔走しました。リスクの種類にもよりますが、その対応窓口は総務や経営企画、法務や財務、そして役員室などが担います。そしてどのような種類のリスク発生時にも広報はその対応に関係する必要のある機能です。

広報の達人たちにも、多くの失敗談と成功譚がありました。その当事者であった際には真摯に真剣にそして誠実に応答を続けておられたことと想像します。

達人たちに教えていただいたのは、主に広報の「ＤＯ」だけではなく、「ＢＥ」に関することでした。技術的なことや方法論も大切なのですが、より大切なことはそのマインドとスピリッツです。何をどのように伝えたいのかということ（創造）と、伝えた人にどのようになって欲しいのかということ（想像）がきちんと整理・実行され、結実したときにその目的が達成されます。

コミュニケーションの目的は、受け手の行動変容であることを教えていただきました。伝えただけで終わるのではなく、受け手が新しいことに気づいたり、出掛けたり出会ったりするアクションのきっかけとなるように伝わったのかどうかが大切です。

私は広報の三大課題を「情報が集まらない」「活動の成果、評価が定まらない」「相談相手がいない」ことだと考えています。また、情報と言う見えないものを扱い、相手のことを想像し、正解と終わりがなく、不祥事には矢面に立たされます。思えば本当に難しく大変な仕事です。

それらをポジティブに考えると、常に相手のことを優しく思いやり、正解がひとつではない分多くの工夫や連携を創造することのできる本当にクリエイティブな仕事であるということも言えます。

達人の多くは「好き」が重要なキーワードでした。自分の好きな物事を伝え、理解され、愛されるためのワークは面白く、楽しく、嬉しい仕事です。

私は広報の面白さと大切さを伝え、広報に携わる人の輪を広げるために活動を続けています。本書でも三隅さん（広報駆け込み寺）や野村さん（森ビル）は、多くの人と出会い、繋がることができるのが広報であると仰っています。そういう意味では、何よりも人が好きで、人との（強い）関係性をつくることに喜びを見出せる人には広報は天職であると言えるでしょう。

私にも広報を通じて多くの出会いがありました。たくさんの好縁に恵まれ、それらが必然的に自分の運にも繋がっています。三隅さんの教えである、「逃げない　隠さない　嘘をつかない」を守り通すことで、危機（ピンチ）を機会（チャンス）に変えることもできました。

本書が改訂版として理工図書から上梓いただけることになったのもご縁の結果です。私は定年後に起業し、週末の過ごし方が大きく変わったことを受け、週末がテーマのフリー誌を発行することとしました。

媒体の企画段階で目にした朝日新聞の記事で理工図書の『月刊土木技術』の存在を知り、「自分は土木ではなく、土日だ」と思い、『土日技術』の発行がスタートしました。

しかし、その後大正十一年に創刊した『土木技術』が百年経って休刊になったことがショックで、思わず編集部に手紙を送りました。ありがたかったのは、理工図書の方々が『土日技術』を面白がってくださったことです。そして理工図書本社ビルのエントランスに自社発行物と並んで『土日技術』も掲示してくださったり、本誌にも広告を出稿してくださっています。実際に『土木技術』と『土日技術』が並んでいるところを見たときは、驚きと同時に喜びが湧き上がりました。

そして今、本書が理工図書から上梓されるということに心から喜んでおります。この良縁に感謝申し上げます。

また、取材や寄稿の依頼を快くお受けくださった皆様に、衷心より感謝申し上げます。人間として一番大切なことは「やさしさと思いやり」だということを改めて知ることができました。「やさしさと思いやり」の連鎖が「愛」を生み、「好き」に出会い、多様なコミュニケーションによって、思いが伝わります。これが「広報の心」＝広報の本質なのかもしれません。

「ジェームズ＝ランゲ説」という学説があります。情動の本質として、刺激→体の反応→感情が起こる、の順であるという説です。つまり、悲しいことがあるから泣くのではなく、泣き真似をしている内に悲しくなる、ということです。桂枝雀さんは、面白いことがあるから笑うのではない。笑っている内に面白くなってくるのでまず率先して笑いましょう、と噺のマクラで説いていました。

コミュニケーションは受け手の行動変容、と前述しましたが、当事者に悲しい出来事があれば、眼前にどんなに楽しく面白いことがあっても可笑しくは思えません。

将来世代に伝え、残さなければならないのは私たちの笑顔なのかもしれません。社会から笑顔が増えることで、施し（笑顔）が報い（楽しい社会）となり、社会は少しずつ明るく正しい方向へアップデートしていくのではないでしょうか。

作家の玉岡かおるさんには「広報こそが、人を動かし、世を動かす出発点」というお言葉を頂戴しました。社会が前進するため、人は応答をし続けなければなりません。それは正に「広報の心」です。

広報やコミュニケーションの力で、社会から少しでも笑顔の総数を増やすことが出来ればいいな、と思います。

【著者略歴】

## 吉川公二

1960 年　大阪生まれ
1984 年　ハイセンス（現フェリシモ）入社
1986 年　元オリンパスの奥村勝之氏と邂逅。「広報」に出会う
1989 年　「フェリシモ」への社名変更に対応
1995 年　阪神・淡路大震災の被災地支援を開始
2004 年　同社広報部長
2005 年　広報駆け込み寺の三隅説夫氏と邂逅。広報は経営機能で危機管理ということを学ぶ。
新規上場、不祥事、炎上事例などに対応を続けた
2011 年　東日本大震災の被災地支援を開始
2016 年　熊本地震の被災地支援を開始
2020 年　定年を機に「合同会社アーベント」を起業。広報のない会社が広報業務を開始する際のアドバイスを開始。
書籍『施ば報（おますればたもる）―カリスマ広報師が解く広報の心―』を出版
2021 年　週末がテーマのフリー誌『土日技術』創刊。防災士の資格取得。フェリシモを退職
2022 年　小山進（エスコヤマ）、矢崎和彦（フェリシモ）、阿部泰久（兵庫ヤクルト販売）等で創ったクリエイティブ顧問業「hitorigoto 株式会社」監査役就任。企業広報担当者同士の勉強会「神 戸広報共創塾」を開始。現在は「大阪広報共創塾」「高知広報共創塾」「東京広報共創塾」に拡大
2024 年　「神戸経済新聞」（みんなの経済新聞ネットワーク）副編集長就任

[　俳句結社事務局、落語会の主催、400 字ブログ「神戸ニニンガ日誌」 ]
[　ビール、新聞、ラジオが大好き　]
mail:yoshikawa@abend.co.jp

**広報の心** ― 広報の達人たちは苦難をどう乗り越えたのか ―

2024 年 9 月 18 日　　初版第 1 刷発行

著　者　吉川公二

発行者　柴山斐呂子

発行所　理工図書株式会社
〒102-0082　東京都千代田区一番町 27-2
電話 03（3230）0221（代表）
FAX 03（3262）8247
振替口座　00180-3-36087 番
https://www.rikohtosho.co.jp
お問合せ info@rikohtosho.co.jp

© 吉川公二　2024
Printed in Japan　ISBN978-4-8446-0964-3

印刷・製本　丸井工文社

本書のコピー等による無断転載・複製は、著作権法上の例外を除き禁じられています。内容についてのお問合せはホームページ内お問合せフォームもしくはメールにてお願い致します。落丁・乱丁本は、送料小社負担にてお取替え致します。

JCOPY ＜出版者著作権管理機構 委託出版物＞
本書（誌）の無断複製は著作権法上での例外を除き禁じられています。複製される場合は、そのつど事前に、出版者著作権管理機構 ( 電話 03-5244-5088、FAX 03-5244-5089、e-mail: info@jcopy.or.jp) の許諾を得てください。